신라 이야기 1

윤경렬 지음

창비

머 리 말

전설은 한 겨레의 마음의 고향이라고 합니다. 우리 전설은 이 하늘, 이 강산에 오랜 세월을 살아온 우리 조상들의 꿈과 삶을 엮어 전해 온 이야기들입니다. 물거품처럼 사라져 없어지는 것이 아니고 한 시대의 현실을 넘어 새로운 세대에 새 문화를 키워 주는 힘을 가진 것입니다.

예를 들면 닭이 울어 어둠을 몰아내고 밝아 오는 동쪽에 아침 해가 새로 솟아오를 때, 그 아침 햇빛에 반짝반짝 빛나는 금빛 속에서 조상님이 태어났다는 계림의 전설은 현실로는 있을 수 없는 이야기지만, 그러나 그 찬란한 계림의 꿈이, 황금 꽃나무 가지에 비취 열매가 주렁주렁 달려 있고 수없는 황금 이파리들이 하늘하늘 흔들리면서 황금 물결을 일으키는 찬란한 금관을 만들어 내었던 것입니다.

조상들의 꿈으로 이룩된 위대한 문화재는 그 꿈의 현실로의 나타남이고, 조상들의 꿈 그 자체는 우리들에게 전설로 전해 내려오는 것입니다.

이 책은 "삼국유사"와 "삼국사기"에 수록되어 있는 전설 중에서 경주 부근의 이야기를 추려 싣고 거기에 마을에서 수집된 약 20편의 이야기를 덧붙인 것입니다.

  우리의 산과 들, 내와 바다와 함께 어울려 살던 조상들의 꿈은 아직도 우리 강토에 여울과 같이 흐르고 있을 것입니다.

  어린이 여러분들은 여러분들이 살고 있는 고향에 깃든 전설의 꿈을 잘 간직하고 다듬어 기르기를 부탁드립니다.

1981년 9월   윤 경 렬

차 례

□ 머리말 ·· 3

제 1 부 신라의 건국 신화

진한 육부 촌장들 ······································ 11
박혁거세의 탄생 ······································· 16
알영 왕비의 탄생 ······································ 19
신라의 건국 ··· 21
오 릉 ··· 25
석탈해 이사금 ·· 29
계 림 ··· 38

제 2 부 애국과 충성

입에 붙은 표주박 ······································ 45
미추왕과 죽엽군 ······································· 49
박제상과 치술신모 ···································· 53
간 묘 ··· 64

단석산과 김유신 ······················ 68
김유신과 세 여신 ····················· 72
작원성 ······························· 81
재매정 ······························· 85
용이 드나드는 절 ····················· 89
호국룡과 원성왕 ····················· 95

제 3 부 신비스런 물건

금자를 묻은 무덤 ···················· 101
만파식적 ···························· 105
만만파파식적 ························ 115
에밀레종 ···························· 122
하늘이 내려 준 옥대 ·················· 126

제 4 부 슬기로운 생각

대종천의 종 ························· 133

향기 없는 모란꽃 ………………………… *137*
나왕대 ……………………………………… *141*
도리천의 왕릉……………………………… *145*
꿈을 산 왕비 ……………………………… *149*
처용랑 ……………………………………… *153*
옥　골 ……………………………………… *159*

제 5 부　일월과 산천

남산과 망산………………………………… *165*
연오랑과 세오녀…………………………… *169*
선도 성모…………………………………… *175*
서출지 ……………………………………… *179*
형제산 ……………………………………… *183*
비장산과 원광 법사 ……………………… *187*
성부산 ……………………………………… *194*
일천 바위 ………………………………… *198*
장구 터 ……………………………………*204*

열반골 ·· *208*
봉황대 ·· *215*
알천과 원성왕 ······································ *219*
알천의 물싸움 ······································ *223*
아기봉 ·· *226*
봉덕못 ·· *234*

☐ 신라 주요 연표 ······························· *241*
☐ 신라 왕계표 ··································· *243*

제 I 부

신라의 건국 신화

진한 육부 촌장들
박혁거세의 탄생
알영 왕비의 탄생
신라의 건국
오 릉
석탈해 이사금
계 림

진한 육부 촌장들

신라가 건국되기 이전에는 지금 경북 경주시와 월성군 일대를 진한(辰韓)이라 불렀다.

진한에는 여섯 부족이 있어 각각 촌을 이루고 살았는데, 농사를 짓거나 짐승과 물고기를 잡아서 식량을 삼고 흙을 빚어 그릇을 구워 썼으며 길쌈을 하여 옷도 지어 입으며 서로 힘을 모아 평화롭게 살았다.

알천 양산촌, 돌산 고허촌, 무산 대수촌, 취산 진지촌, 금산 가리촌, 명활산 고야촌이 여섯 촌의 이름이다. 지금으로부터 2천여 년 전인 진한 시대는 석기에서 철기 시대로 생활 방법이 바뀌는 우리 민족 문화의 새벽과 같은 때였다.

이 새로운 때를 맞이하여 여섯 촌에는 각각 하늘에서 신인(神人)들이 내려와서 촌장이 되었으니, 세상에서 진한 육부 촌장들이라 부른다.

촌장들은 소비만 하는 어렵(고기잡이와 사냥) 생활에서

생산하는 농경 생활로 삶의 수단을 바꾸어 가면서 지혜와 사랑으로 각자 맡은 마을을 알뜰하게 다스렸다.

여섯 촌 중 알천 양산촌은 지금 경주시를 중심으로 한 지역으로서 남산, 선도산, 금강산, 명활산 등 여러 산으로 둘러싸인 넓은 벌판이다.

이 벌판으로 몰개내, 알내, 서내 등 여러 강물들이 벌을 축이며 흘러 양산촌은 기름지고 아늑한 살기 좋은 곳이었다. 이곳이 바로 후에 신라의 수도 서라벌이 된 촌이다.

　어느 날 금강산 표암봉에 구름을 타고 하늘에서 내려온 사람이 있었으니, 이분이 알천 양산촌을 다스린 이알평공이다. 하늘에서 내려올 때 큰 박 하나를 안고 왔는데, 그 박에서 싹이 나서 박덩굴이 바위를 덮었다 하여 그 바위는 표암이라 불려 전해 온다.

　고허촌은 지금 탑동 나정 부근에서부터 월성군 내남면 일대와 경남 울주군 두동, 두서 양 면을 포함한 지역이었는데 여섯 촌 중 가장 넓은 마을이었다. 이 촌의 촌장은 소벌도리공이었는데 하늘에서 형산에 내려와서 고허촌장이 되었다고 전한다.

　소벌도리공은 신라의 첫 임금인 박혁거세(朴赫居世) 거서간(居西干)의 양아버지이기도 하다. "삼국유사"에서는 성을 정(鄭)씨라 하였고 "삼국사기"에서는 최(崔)씨라 하여 서로 같지 않은데 사기에 따라 최소벌도리로 부르는 것이다.

　무산 대수촌은 지금 월성군 서면과 현곡면을 포함한 지역으로서 중앙에 이산(지금의 구미산)이 솟아 있다.

　이산의 동쪽 벌에는 현곡천이 흐르고 서쪽 벌로는 모량천이 흘러 기름진 땅을 축여 주는 살기 좋은 곳이었다.

　무산 대수촌장은 손구례마공인데 하늘에서 구름을 타고 이산(또는 개비산)에 내려와서 대수촌 촌장이 되었다 한다.

또 취산 진지촌은 토함산 새등이에서 흐르는 몰개내와 가내고개에서 흐르는 알내의 상류 유역과 외동면 일대를 포함한 넓은 지역이었다. 지금 낭산 일부와 인왕동 일부 지역까지도 이 촌에 속해 있었다 한다. 지백호는 하늘에서 화산으로 내려와서 진지촌의 촌장이 되었는데 성은 정(鄭)씨라 한다. "삼국유사"에서는 최(崔)씨라 하였는데 "삼국사기"의 기록을 따라 정지백호로 부른다.

배지타공은 하늘에서 명활산에 내려와서 금산 가리촌장이 된 분이다.

금산 가리촌은 지금의 월성군 양북면, 양남면, 감포읍 일대를 포함한 지역으로서 바다에 닿아 있는 유일한 촌이었다.

그리고 명활산 고야촌은 지금의 천북면과 안강읍 동남 일부를 포함한 지역으로서 촌장은 설호진공이었다.

호진공은 하늘에서 금강산에 내려와서 고야촌장이 된 분이다.

하늘에서 내려온 육부 촌장들은 기원전 57년에 이르러 여섯 촌을 뭉쳐 나라를 세우고 박혁거세를 추대하여 첫 임금을 삼음으로써 우리 역사에 신라의 건국이 이루어졌다.

건국 후 육부 촌장들은 나랏일을 의논하는 모임으로 화백 제도를 두어 임금의 독재를 견제하며 국민들의 편에서 평화롭게 나랏일을 보살펴 나간다.
<삼국사기, 삼국유사, 경주시지>

＊촌 : 지금의 면과 같은 크기의 지역.

박혁거세의 탄생

 우리 나라 역사가 아직 보랏빛 안개 속에 싸여 있던 기원전 69년 어느 날, 고허촌장 소벌도리공이 남산 북봉 양산대에 올라 서쪽을 바라보았더니 하늘에서 다섯 가지 빛의 상서로운 기운(오색 서기)이 양산 기슭에 있는 나정 샘으로 비치고, 샘 가에는 흰말 한 마리가 찬란한 그 빛을 향해 절하고 있었다.
 소벌도리공은 신기하게 생각하여 그 샘을 향해 조심스럽게 발을 옮겼다.
 인기척을 들은 흰말은 소리 높게 울면서 하얀 구름을 헤치고 파란 하늘로 사라져 버렸다.
 소벌도리공은 눈을 돌려 흰말이 절하고 있던 나정샘 가를 다시 바라보았다. 그랬더니 그곳에는 한 개의 붉은 알이 오색 서기 속에 찬란하게 빛나고 있는 것이 아닌가!
 소벌도리공은 두근거리는 가슴을 진정하고 그 알을 정

박혁거세의 탄생   17

성스럽게 깨보았다. 붉은 알 껍데기가 깨지며 그 속에서는 뜻밖에도 용모가 단정한 사내아이가 나왔다.

　공이 기뻐하며 그 아기를 안아서 샘에 목욕을 시켰더니 아기의 몸에서는 광채가 나고 새들과 짐승들은 몰려와서 춤을 추며 새 아기의 탄생을 축복하였다.

　소벌도리공은 신비롭게 태어난 새 아기를 자기 집에 데려다가 정성껏 길렀다. 아기는 자라나면서 유달리 숙성하고 총명하였다.

　이 아기가 열세 살 되던 해 진한의 육부 촌장들이 모여 의논한 끝에 여섯 촌을 합쳐서 나라를 세우고 이 아기를 받들어 왕으로 삼았다.

　나라 이름을 서라벌(徐羅伐)이라 하고 첫 임금의 이름은 박혁거세 거서간(큰 임금이란 뜻)이라 불렀다.

　박과 같은 알에서 나왔다 하여 성을 박(朴)이라 불렀다는 이야기도 있지만, 이 이름 속에는 밝음을 동경하여 흰옷을 즐겨 입던 우리 조상들이 새 임금에게, 밝게 세상을 다스려 주기를 바라는 간절한 염원이 깃들여 있는 것으로 믿어진다.

　박혁거세 거서간이 탄생한 나정샘은 경주시 탑동 서남산 허리 덩실한 언덕 위에 자리잡고 있다. 해묵은 송림 속에 이끼 낀 비각이 있는데 그 비각 안에 신라의 첫 임금이 탄생한 나정이 있다. 지금 샘은 돌 뚜껑으로 덮여 있고 우물 앞에는 내력을 새긴 비석이 서 있다. 비석은 1802년(이조 순조 2년)에 세워진 것이다.

알영 왕비의 탄생

　박혁거세 거서간이 탄생하던 날 사량리에 있는 알영정 가에서도 이상한 일이 생겼다.
　갑자기 검은 구름이 일며 큰 계룡이 나타났다. 계룡은 샘 가에서 꼬리를 흔들며 크게 몸부림치더니 왼쪽 옆구리에서 한 옥동녀를 낳아 놓고 하늘로 올라가 버렸다.
　부근에 사는 한 할머니가 이것을 보고 달려와서 아기를 보자기에 싸안았다. 아기는 용모가 단정하고 예쁘게 생겼으나 입만은 어머니 계룡을 닮아 닭의 부리처럼 뾰족하게 나와 있었다.
　할머니는 아기를 안고 월성 북쪽으로 흐르는 알내로 가서 아기의 얼굴을 씻어 주었다. 이상하게도 알내로 흐르는 물이 아기의 입술에 닿자 뾰족하던 부리는 떨어져 나가고 비로소 완전한 예쁜 여자아이가 되었다.
　용의 몸에서 태어난 아기를 할머니는 거룩하게 여겨 집에 데려다가 정성스럽게 키웠다. 아기 이름은 태어난

우물 이름을 따서 알영이라 불렀는데, 알영 아가씨는 자라나자 용모가 아름다울 뿐 아니라 마음씨도 어질고 지혜와 덕성이 뛰어났다.

박혁거세 거서간이 즉위한 후 5년 되던 해(기원전 53년)에 알영 아가씨를 맞아 왕비를 삼았으니 알영 왕비는 신라의 첫 왕비이다.

알영 왕비는 나라의 어머니로서 거서간을 잘 도왔으므로 나라 사람들은 임금과 왕비를 두 성인이라 우러러 받들었다. 왕비가 탄생한 알영정은 경주시 탑동의 오릉 역내에 있다.

＊계룡 : 머리 모양이 닭의 머리를 닮은 용.

신라의 건국

지금부터 2천 년도 더 전인 오랜 옛날, 밝음을 신으로 섬기던 우리 조상들은 기후가 따뜻하고 밝음이 먼저 오는 동쪽에 삶의 터전을 찾아 정착하였으니 이곳이 바로 한반도의 남동쪽 진한땅이었다.

산과 산들이 울타리를 이루고 골마다 내가 흘러 기름진 옥토에 여섯 부족들이 각각 마음에 드는 곳을 찾아 자리잡으니 진한 여섯 촌이었다.

여섯 촌 사람들은 모두 하늘에서 내려온 신인들을 촌장으로 모시고 농사도 짓고 물고기와 짐승도 잡으며 능력대로 평화롭게 살았다.

그러나 이때 한반도의 북쪽은 철기 문화가 발달한 한(漢)민족들에게 점령되었고 그 여파로 주변 나라들이 철기(鐵器)로 무장하게 되자, 흩어져 살던 진한 여섯 촌의 평화는 크게 위협을 받게 되었다.

기원전 57년 봄 어느 날, 여섯 촌의 촌장들은 이 위협에 대처하기 위해 양산촌 알냇가의 언덕 위에 모여 회의를 열었다.

중앙에는 여섯 촌장들이 둘러앉고 그 둘레에는 수많은 촌민들이 각기 자기들 촌장을 앞에 모시고 둘러앉았다.

"여러분, 지금 우리 강토의 북쪽은 쟁기와 무기를 쇠로 만들어 쓰는 강한 나라에 점령된 지 오래 되었고, 그들에게 쫓긴 무리들은 우리 주위의 여러 나라에 밀려와서 쇠붙이 무기를 만들며 살기 좋은 우리 진한 땅을 노리고 있습니다. 우리 여섯 촌이 힘을 모아 침범하는 적들을 막지 못한다면 어느 촌 어느 마을도 안심하고 살 수 없게 되었습니다. 우리들은 사랑하는 부모 형제와 처자들의 행복을 지키기 위해 서로 단결하여 힘을 모아야 하겠습니다."

양산촌장 알평공의 이 말에 "옳소! 좋소!" 하며 여섯 촌의 촌민들은 한결같이 찬성하였다. 그러나 여섯 촌이 힘을 뭉치는 방법에는 여러 의견이 있었는데, 결국에는 여섯 촌을 하나로 뭉쳐 나라를 세우고 덕 있는 사람을 임금으로 뽑아 그의 지휘 아래 한데 뭉치자는 방향으로 뜻을 모으게 되었다.

그리고 어느 분을 임금으로 모시느냐 하는 어려운 문제에 부딪쳤을 때 고허촌장 소벌도리공이 일어서 13년 전 일을 이야기하였다.

13년 전 어느 날 남산 양산대에서 나정샘을 바라보았

더니 하늘에서 오색 서기가 샘 가에 서려 있고 흰말 한 마리가 엎드려 절하고 있기에 가봤더니, 흰말은 길게 울면서 하늘로 올라가고 그곳에는 붉은 알 하나가 있더라는 이야기와, 그 알 속에서 사내아기가 나왔는데 동쪽 샘에 목욕시켰더니 몸에서 빛이 나고 온갖 새들과 짐승들이 춤을 추면서 아기의 탄생을 축복하더라는 이야기며, 그 아기가 지금 열세 살인데 유달리 영특하다는 이야기를 자세히 하였다.

여섯 촌장들과 촌민들은 하늘이 내려 주신 이 소년을 받들어 임금으로 모실 것을 만장 일치로 가결하였다.

이로써 한반도의 남동쪽에 새 나라가 탄생하였으니 그 이름이 서라벌이었다. 아침 햇빛이 먼저 비춰 주는 성스러운 땅이라는 뜻이다.

첫 임금은 불구내 박혁거세 거서간이라 불렀으니 밝게 세상을 다스릴 큰 임금이라는 뜻이라 한다.

대궐은 나정 남쪽 언덕 위 지금 창림사(昌林寺) 터로서 당시 쇠울이라 불렀다 하는데, 쇠울은 쇠울타리 즉 굳건한 울타리라는 뜻이다.

그후 나라 이름은 신라로 바뀌었고 대궐은 반월성으로 옮겨졌다. 신라는 기원전 57년부터 서기 935년까지 56대에 걸쳤는데, 우리 민족 문화의 역사에 가장 찬란한 황금 시대를 이룬 나라다.

<삼국유사, 경주시지>

오 릉

　기원전 28년 어느 날이었다. 밤의 적막을 깨고 번쩍이는 쇠창과 칼로 무장한 낙랑의 군사들이 말을 타고 함성을 지르며 신라로 쳐들어왔다.
　말발굽 소리와 개 짖는 소리가 요란스럽게 들려 왔으나 신라에서는 한 사람도 대항하는 사람이 없었다. 집집마다 문은 열린 채였고 밭에는 여기저기 노적가리가 쌓여 있었다.
　낙랑군의 대장은 말을 멈추었다. 대항하는 사람이 없으니 싸울 수도 없고 집집마다 문이 열려 있으니 도둑질할 재미도 없었다. 마침 길 옆에 주막집이 있기에 들어가서 술을 달라고 소리를 질렀다. 주막에서는 할머니가 술을 거르고 있었다.
　"어디서 오신 손님들인지 있는 대로 마시고 가십시오." 하며 술통과 바가지를 내놓는데 조금도 두려워하는 빛이 없었다.

낙랑군 대장은 눈을 부릅뜨고 어깨를 으쓱이며 "우리들이 무섭지 않느냐?"고 할머니에게 물었다.

그러자 "사람들이 서로 도와 가며 사는데 왜 사람이 사람을 무서워합니까?" 하고 할머니는 도리어 의아한 표정으로 대장을 쳐다봤다.

대장은 어이없다는 듯이 껄껄 웃으며 물었다.

"밭에 저렇게 노적가리들이 많은데도 누가 훔쳐 가지 않소?"

이 말에도 할머니는 태연스럽게 대답했다.

"우리 나라에는 박혁거세 거서간과 알영 왕비 두 성인이 계시어 농사와 양잠을 잘 지도하시고 국민들이 화합하도록 잘 다스리시므로 배고프고 가난한 사람이 없답니다. 춥고 배고픈 사람이 없는데 남의 곡식을 무엇 하러 훔치겠습니까?"

낙랑군의 대장은 마음속으로 크게 감동하였다.

"신라는 과연 도의가 있는 나라구나. 그런데 우리가 몰래 군사를 이끌고 와서 치려는 것은 좀도둑 같은 부끄러운 일이다."

낙랑군 대장은 이렇게 중얼거리며 술 한 바가지를 마시고는 군사들을 이끌고 돌아가 버렸다.

또 기원전 19년에는 마한(馬韓)의 왕이 죽었다. 마한 왕은 살아 있을 때 신라를 업신여기고 신라의 사신을 죽이려 했었다.

박혁거세 거서간의 신하들은 마한이 국상을 당해서 다른 생각을 할 겨를이 없을 이때에 마한을 정벌하여 원수를 갚을 것을 건의하였다. 그러나 박혁거세 거서간은 머리를 저었다.

"남이 불행한 것을 다행으로 여겨 침략하는 것은 착한 일이라 할 수 없다. 곧 사신을 보내 문상하는 것이 이웃 나라의 도리가 아니겠느냐."

그러고는 마한에 사신을 보내어 돌아가신 왕에 대한 조의를 표하였다. 이렇게 박혁거세 거서간은 백성들을 사랑하고 도의로써 나라를 잘 다스렸으므로 백성들은 거서간과 왕비를 두 성인으로 우러러 받들었다.

거서간이 73세가 되던 해 9월에 하늘이 어두워지며 천둥이 울고 폭우가 쏟아지더니 큰 용 두 마리가 대궐 우물에 나타났다가 사라졌다. 이 일이 있은 후부터 거서간의 몸이 약해지며 자리에 눕더니 알영 왕비의 정성스런 간호의 보람도 없이 이듬해 3월에 세상을 떠났다.

거서간이 운명하자 이상하게도 그 시신이 공중에 떠서 하늘로 올라갔다. 홀로 남아 슬프게 울고 있던 알영 알비가 7일 후에 거서간의 뒤를 따라 세상을 떠나자 하늘에 올라갔던 시신이 땅에 떨어졌는데 머리와 사지가 흩어져 있었다.

나라 사람들이 흩어진 시체를 한데 모아 장사지내려 하자 큰 뱀이 나타나서 방해하였다. 옛날 사람들은 뱀을

땅의 신령으로 믿고 있었으므로 뱀을 두려워하였다. 뱀이 시키는 대로 흩어진 곳에 각각 무덤을 만들었더니 오릉(五陵)이 되었다 한다. 오릉은 옛날엔 사릉(蛇陵)이라 불렀는데 뱀 때문에 능이 5개가 되었다는 뜻으로 그렇게 부른 것이다.

<삼국유사>

석탈해 이사금

기원전 19년경 금산 가리촌의 아진포에 아진의선이란 할머니가 있었다.

이 할머니는 임금에게 생선을 장만하여 바치는 책임을 맡아 바닷가에서 살고 있었다.

어느 날 새벽 의선 할머니는 까치들의 지저귀는 소리에 눈을 떴다.

"이상도 하여라. 이 바다에는 큰 바위도 없는데 웬 까치들이 지저귈꼬?" 하며 바닷가에 나가 보았더니 낯선 배 한 척이 모래펄에 닿아 있었다. 까치들은 그 배를 에워싸고 지저귀고 있는 것이었다.

배에는 사람은 없고 길이가 7m, 너비가 4m쯤 되는 궤 하나가 실려 있었다.

의선 할머니는 궤 속에 무엇이 들어 있을까 하여 호기심도 나고 한편으로는 두렵기도 하여 망설이다가, 하늘을 향해 두 손을 맞잡고 물어 보았다.

"하느님이시여, 이 궤짝을 열어 보오리까, 그냥 내버려두오리까?"

하늘에서 그 궤를 열어 보라는 대답이 들려 오므로 할머니는 용기를 내어 궤를 열었다.

"응아— 응아—"

궤 속에는 큰 알이 있었는데 그 알이 깨어지면서 건강한 사내아기가 나왔다. 아기 주위에는 서너 명의 시녀들이 손뼉을 치며 아기의 탄생을 반기다가 그 중 한 시녀가 말하였다.

"할머니, 저희들은 용성국 함달파 왕비의 시녀들입니다. 왕비님께서 아기를 얻고자 오랜 기도를 드린 끝에 아기를 가졌으나, 열 달이 지나고 또 열 달이 지났어도 아기가 태어나지 않았습니다. 임금님도 왕비님도 애타게 7년 동안이나 기다려서 해산하였는데 이상하게도 아기는 낳지 못하시고 큰 알 하나를 낳으셨습니다. 임금님께서는 대단히 노하셔서 알을 바다에 버리라고 하셨습니다. 왕비님은 슬펐습니다. 그러나 임금님의 엄하신 명령이라 거역할 수 없어 울면서 알을 비단 보자기에 싸서 큰 궤에 넣으시며 저희들에게 이렇게 부탁하셨습니다.

'이 알에서는 반드시 아기가 태어날 것이니 인연 있는 나라에 다다르거든 그곳에 나라를 세우고 집을 이루라.' 하시고 또 '여기에 많은 보배가 있으니 아기를 키우는 데 보태라.' 하셨습니다. 할머니께서 이 아기를 키워 주십시오."

시녀들이 할머니에게 간곡히 청하자 할머니는 아기를 맡아 키울 것을 기꺼이 승낙하였다.

"하늘이 주신 아기이온데 어찌 등한히 할 수 있겠소. 정성껏 기르오리다."

할머니는 까치의 알림으로 얻어진 아기라 하여 까치 작(鵲) 자의 한쪽을 떼어 '석'(昔)이라 성을 정하고, 알을 깨뜨리고 나왔다 하여 이름을 '탈해'(脫解)라고 지었다.

석탈해는 자라면서 지혜롭고 씩씩하여 마을 사람들과

같이 바다에 나가서 고기를 잡아다가 할머니를 봉양하였다. 어느 날 할머니는 탈해를 불러 놓고 타일렀다.

"탈해야, 너는 보통 사람이 아니고 왕자의 몸이니라. 보통 사람 같으면 이 늙은 어미를 거두는 것으로 할일을 다한다 하겠지만, 너는 왕자의 몸이니 만백성이 편안히 살도록 다스리기 위하여 힘을 기르고 덕을 닦아야 할 것이니 오늘부터는 고기잡이를 그만두고 무술을 닦도록 하여라."

탈해는 그날부터 토함산에 올라가서 활쏘기며 칼쓰기 등 무술 연마에 힘을 썼다.

어느 날 탈해는 토함산 위에서 사방을 살펴보며 장차 자기가 살 집터를 찾고 있었다. 멀리 서쪽으로 펼쳐진 서라벌 벌판, 이곳으로 흐르는 몰개냇가에 반달처럼 생긴 언덕이 보였다.

탈해는 몰개내 북쪽 기슭에 덩그렇게 반달처럼 솟은 언덕을 바라보면서 "야! 저기로구나, 내가 살 곳이." 하고 외쳤다.

탈해는 '저 언덕을 차지해야지' 하며 몰개냇가의 반달 언덕을 찾아가 보았다.

그러나 그곳에는 표공이라는 재상이 큰 집을 짓고 살고 있었다. 탈해는 한 꾀를 내어 그날 밤부터 밤마다 숯부스러기와 쇠붙이 부스러기를 그 집 담 밑 여러 곳에 묻어 놓았다. 몇 달이 지난 후 탈해는 표공을 찾아가 말했다.

"이 집터는 본래 우리 조상님들이 대대로 살아오던 집터이온데 어찌하여 어르신네께서는 주인의 승낙도 없이 이곳에 집을 지으셨습니까? 이제 주인이 왔으니 집을 비워 주십시오."

이에 깜짝 놀란 표공은 나이 어린 탈해에게 타이르듯이 말했다.

"그럴 리가 있나. 이 집터는 오래 전부터 내가 살아오던 집터다. 너의 집터는 다른 곳에서 찾아보아라."

그러나 탈해는 굽히지 않고 자기 집터라 주장하다가 끝내는 임금에게 호소하여 재판을 받게 되었다.

임금은 탈해에게 물었다.

"탈해는 반달 언덕이 조상 때부터 살던 집터였다 하는데 그런 증거가 있는가?"

"예, 있을 것입니다. 우리 할아버지는 호미며 괭이, 도끼, 칼, 쟁기 같은 것을 쇠붙이로 만드는 대장장이였습니다. 집 부근의 땅을 파보면 우리 할아버지가 살았던 증거가 나올 것입니다."

사람들은 대장장이 자손이란 말을 듣고 눈이 휘둥그래지며 탈해를 쳐다보았다.

당시는 대부분의 사람들이 돌연모를 사용하고 있었으므로 쇠붙이로 물건을 만드는 일은 권위 있는 집안에서나 하였기 때문이었다.

임금은 사람을 시켜 표공의 집 부근을 파보게 하였다. 얼마 후 신하들은 대장장이가 살던 증거물이 되는 숯과 쇠 부스러기를 가지고 왔다. 그러나 정말 집주인인 표공에게는 자기 터라는 증거가 없었다.

임금은 "표공에게는 증거가 없고 석탈해에게는 증거가 있으니 증거 있는 사람의 말을 믿을 수밖에 없는 일이다. 표공은 반달 언덕을 석탈해에게 내주고 집을 다른 곳으로 옮기라." 하고 판결을 내렸다.

이렇게 되어 뒤에 대궐 터가 될 반달 언덕을 석탈해가 차지하게 되었던 것이다.

그때 임금이던 남해 차차웅은 탈해의 지략이 뛰어남을 보고 맏공주 아호와 결혼시켜 사위로 삼고 나랏일을 보살피게 하였다.

탈해는 모든 일을 잘 처리하였으므로 임금의 신임을 크게 받았다. 남해 차차웅은 돌아가실 때 아들 유리와 사위 탈해를 불러 놓고 유언하였다.

"내가 죽은 뒤에는 박(朴), 석(昔) 양 성 중에서 덕이 높은 사람으로 임금의 자리를 이으라."

왕자 유리는 매부 되는 석탈해에게 왕위에 오르기를 권했다. 그러나 탈해는 왕자가 왕위를 이어야 한다고 주장하여 서로 사양하였으므로 옥좌는 오랫동안 비어 있게 되었다. 탈해는 나라의 옥좌가 비어 있는 것이 걱정이 되어 유리에게 말했다.

"덕이 높은 사람은 이가 많다 하는데 떡을 씹어 그 잇자국을 세어 보고 많은 사람으로 왕위를 결정하는 것이 어떠하오."

유리 왕자도 이 뜻에 찬동하여 떡을 씹어 봤더니 유리의 이가 더 많았으므로 유리 왕자가 3대 왕위에 오르게 되었다. 이때부터 신라에서는 왕을 이사금이라 불렀으니 잇자국이 많은 분이란 뜻이다. 임금이란 칭호도 여기서 생긴 것이라 한다.

석탈해 이사금은 임금이 된 후에도 대궐에는 별로 있지 아니하고 반달 언덕 자택에서 정치를 보살폈다.

5대 파사 이사금 때에는 반달 언덕 둘레에 성을 쌓고 대궐을 옮기어 반월성이라 불렀다. 반월성은 파사 이사금 때부터 신라의 마지막 날까지 834년 간이나 신라를 다스린 궁성이었다. 반월성은 나라를 지키는 데 가장 중요한 곳에 터를 잡고 있었기 때문이다.

앞에 마주보이는 웅장한 남산에는 서울을 지키는 남산성이 있었다. 남산성 안에 있는 게눈 바위에서 보면 서라벌로 들어오는 모든 길이 한눈에 보여 침입하는 적군을 발견하기가 가장 쉽고, 또 이 성에서는 국경에서 생긴 일들을 여러 산봉우리 위에 있는 산성이나 봉화대를 통해 신속 긴밀하게 수집하여 궁성에 전하고, 다시 궁성의 명령을 산성과 봉화대를 통해 국경에 전하는 중요한 일을 하였다.

　오늘날처럼 무선전신 같은 통신 기관이 없었던 옛날에는 산천과 지리를 이용하는 것이 나라를 지키는 데 필요한 전법이었던 것이다.

　석탈해 이사금은 쇠붙이를 녹여 쟁기를 만드는 과학기술자인 동시에 산천과 지리를 보는 데도 능숙한 지자(智者)였다. 뿐만 아니라 거대한 힘을 가진 장수였다. 그는 키가 3m 가량이었고 머리 둘레가 1m였다 하니 그의 용모와 위력을 짐작할 수 있을 것이다.

　석탈해 이사금이 왕위에 있은 23년 동안 서쪽의 백제와 동쪽의 왜적들이 쉴 새 없이 침입해 왔다. 그러나 이사금이 번번이 지혜와 용기로써 적들을 물리쳐 백성들이 안심하고 살 수 있게 하였다.

　석탈해 이사금 19년에는 여름내 비가 오지 않아 곡식들이 다 말라 버렸다. 백성들이 굶주리고 병들어 괴로움 속에 헤매자 이사금은 나라의 창고를 열어 양식을 배급하여 주었다.

　굶주림 속에서 벗어난 백성들은 석탈해 이사금을 우러러 공경하였다. 이사금이 85세 되던 해 4월 어느 날 갑자기 폭풍이 불어오더니 무서운 회오리바람이 먼지를 일으키어 앞을 분간할 수 없었다. 나무들은 뿌리째 흔들리고 피었던 꽃은 다 떨어졌으며 드디어는 대궐 동문이 허물어지고 말았다.

이 일이 있은 후 석탈해 이사금은 자리에 눕더니 그해 8월 조용히 세상을 떠났다.

나라 사람들은 슬퍼하며 소천 언덕(또는 양정 언덕)이라는 곳에 정중하게 장사를 지냈다.

그후 6백 년이 지난 680년 3월 15일 밤 반월성 대궐에는 이상한 일이 생겼다. 당시 임금이던 문무 대왕의 침전에 매우 무섭게 생긴 노인이 나타나서 무서운 소리로 외쳤다.

"나는 석탈해다. 소천 언덕에서 나를 파내어 그 뼛가루와 찰흙을 섞어 나의 상(像)을 만들라. 상이 완성되거든 토함산 위에 세우라."

그 소리가 어찌나 요란한지 사방 벽이 울리는 듯하였다. 문무 대왕이 깜짝 놀라 깨어 보니 그것은 꿈이었다.

그러나 대왕은 꿈에 들은 대로 이사금의 무덤을 파내어 상을 만들어 토함산 위에 세우고 동악대신(東岳大神)이라 불렀다.

때는 삼국 통일이 이룩될 무렵으로 나라의 힘이 북쪽과 서쪽으로 기울어져 동쪽이 등한하던 때였다. 이때 이사금의 영혼은 방비가 허술한 동쪽을 막아 나라의 안전을 지켜 주었던 것이다.

<삼국유사>

계 림

 신라의 대궐 터이던 반월성 서북쪽에 계림이라 불리는 해묵은 숲이 있다. 이 숲(始林)은 태초(太初)의 숲으로서 진한 여섯 부족 사람들은 신성하고 영검 있는 숲으로 높이 받들었다.
 신라가 건국된 지도 일백 수십 년이 지났고 새 세기를 맞아 나날이 번영의 빛을 더하여 가던 석탈해 이사금 9년 봄이었다.
 어느 날 이른 새벽 "꼬끼오, 꼬끼오." 하는 닭 울음 소리에 재상 표공은 잠을 깨었다. 이상한 일이었다. 밤의 고요를 깨뜨리며 우렁차게 들려 오는 닭의 울음 소리가 계림에서 울려 오는 것이 아닌가? 새벽에 닭이 우는 것이야 보통 있는 일이지만 신령스러운 숲에서 닭이 우는 것은 처음 있는 일이었다.
 표공은 급히 밖으로 나와 숲 쪽을 바라보았다. 표공의 눈에는 참으로 놀라운 정경이 비쳐 왔다.

여섯 촌에서 한결같이 신성스럽게 여기는 숲에는 하늘로부터 오색 서기가 어려 있고, 우렁찬 닭의 울음 소리도 분명히 그곳에서 들려 오고 있었다.

표공은 두려운 마음으로 조심조심 발을 옮겨 숲속으로 들어갔다. 숲속은 아직 어두운데 한 고목의 그루터기에 새하얀 닭 한 마리가 홰를 치며 울고 있었고, 그 고목의 가지에 찬란한 금빛 궤 하나가 걸려 있었다. 하늘의 오색 서기는 바로 그 금빛 궤를 비추고 있는 것이었다.

표공은 너무 황홀한 정경에 넋을 잃고 바라보다가, 이 일은 보통 일이 아니니 위에 알려야 되겠다 생각하고 반월성으로 달려가서 석탈해 이사금에게 아뢰었다.

석탈해 이사금은 표공의 이야기를 듣고 "그곳은 광명을 먼저 받은 태초의 숲이요, 닭이란 어둠을 몰아내고 광명을 불러오는 길상(吉祥)의 새니 이는 나라에 영광이 올 징조로다. 내 친히 가서 보리라." 하고 숲으로 행차하였다.

이때 닭의 울음 소리에 밤은 사라지고 토함산 어깨 위로 해님이 불그레 솟아올라 숲속을 비추었다. 나뭇가지의 금빛 궤는 금방 솟아오른 아침 햇빛에 반짝반짝 빛나는데 닭은 눈부시게 하얀 날개로 홰를 치면서 새빨간 볏을 치켜 들고 계속 울고 있었다.

이사금은 합장하여 하늘에 감사하고 조심스럽게 금궤를 내려 뚜껑을 열었다.

"으앙— 으앙—" 뜻밖에도 금궤 속에는 예쁘게 생긴 사내아기가 들어 있었다. 이사금은 감격하여 머리를 흔들면서 아기를 어르는데, 관에 달린 수많은 금 이파리들이 흔들리며 아침 햇빛에 하늘하늘 영롱하고 찬란한 빛을 뿜고 있었다.

이사금이 아기를 안고 대궐로 돌아오는데 온갖 새와 짐승들이 춤을 추면서 아기의 탄생을 축하하였다.

석탈해 이사금은 아기가 금궤에서 나왔다 하여 성을 금(金)이라 하고 이름을 알지(閼智)라 불렀으니 알지는 당시 아기란 말이었다. 그리고 하늘이 보낸 귀한 아기를 받들어 태자로 봉하고 신하들에게 명을 내렸다.
 "흰 닭의 알림으로 태자를 얻었으니 이제부터 그 숲을 계림(鷄林)이라 부르고 나라의 이름도 계림국으로 정하라." 하였다.
 서기 80년 석탈해 이사금이 돌아가시니 태자인 김알지가 왕위를 이을 차례였으나 3대 유리 이사금의 아들인 파사에게 사양하고 왕위에 오르지 아니하였다.
 알지는 세한을 낳고, 세한은 아도를 낳고, 아도는 수루를, 수루는 욱부를, 욱부는 구도를, 구도는 미추를 낳았다. 김알지의 7대손인 미추가 신라 13대 왕위에 오르니 경주 김씨로서 처음 임금이 된 분이다.
 미추왕 이후로는 대부분의 임금들이 계림의 금빛 자손들로 이어졌으니, 계림은 임금들의 시조(始祖)가 태어난 곳으로 더욱 숭앙되었다.
 아침 햇빛에 반짝반짝 빛나는 금빛 속에 조상이 탄생하였다는 이야기는, 맑은 하늘 아래 흰옷을 즐겨 입고 밝음을 동경하던 우리 조상들의 꿈으로 엮어진 것이다.
 지금 숲속에는 오색 단청으로 장식된 비각이 있고 그 안에는 1803년(이조 순조 3년)에 세운 비석이 서 있다.

<삼국유사, 삼국사기>

* "삼국유사"에는 김알지 탄생이 서기 60년 8월 4일로 되어 있음.

제 2 부
애국과 충성

입에 붙은 표주박
미추왕과 죽엽군
박제상과 치술신모
간 묘
단석산과 김유신
김유신과 세 여신
작원성
재매정
용이 드나드는 절
호국룡과 원성왕

입에 붙은 표주박

　석탈해가 어렸을 때, 탈해를 보살펴 주던 아진의선 할머니는 어느 날 탈해를 불러 놓고 말했다.
　"너는 보통 사람이 아니고 언젠가는 왕좌에 앉을 귀한 몸이니 만백성을 다스릴 수 있는 힘을 길러야 하고 만백성들로부터 우러러 존경을 받을 수 있게 덕을 길러야 할 것이다. 이제 네 나이 열 살이 다 돼가니 이 상자를 열어 보아라."
　그러면서 비단에 싸인 기다란 상자를 내놓았다. 탈해는 무엇일까 궁금히 여기면서 두근거리는 마음을 진정한 다음 비단 보자기를 풀고 상자를 열어 보았다. 그 속에는 한 자루의 칼과 활과 화살통이 들어 있었다.
　"이 물건들은 너의 부모가 너를 태워 보냈던 배에 같이 실어 보낸 것이다. 이제부터는 이것을 갖고 무술을 닦도록 하여라."
　탈해는 감격하여 눈물을 흘리면서 할머니에게 다짐하

고, 다음날부터는 토함산에 올라가서 활쏘기와 칼쓰기를 익혔다. 몇 해 동안 계속하여 수련을 쌓은 결과 탈해는 한 사람의 당당한 무사가 되었다.

할머니의 말씀을 지켜 언제나 남을 위해서는 용감하게 앞장서서 일을 하고 신의를 지켰으므로 많은 사람들이 탈해를 존경하여 따르게 되었다.

탈해는 따르는 사람들에게 무술을 가르치며 때때로 토함산에서 사냥하는 일이 많았다. 어느 날 탈해는 산정에서 목이 말랐으므로 부하를 시켜 샘을 찾아 물을 떠오라 하였다.

부하는 샘을 찾아 동쪽 계곡으로 내려오다가 높은 바위 밑에서 솟아오르는 맑은 샘을 발견하였다. 그곳은 동해가 환히 내려다보이는 경치 좋은 곳이었다. 부하는 기뻐서 그 맑은 샘물을 표주박에 떠가지고 탈해가 기다리고 있는 산정으로 올라갔다.

부하는 도중에서 자기도 목이 말랐으므로 먼저 한 모금만 마시고 탈해에게 갖다 줄 생각으로 표주박을 입에 댔다.

그런데 웬일일까! 입에 댔던 표주박이 입에서 떨어지지 아니하였다. 떼려고 애썼으나 찢어질 듯이 입술만 아플 뿐 표주박은 떨어지지 않았다.

부하는 두려워하며 탈해에게 와서 사죄하였다.

"이후부터는 먼 곳이든지 가까운 곳이든지 감히 먼저

입에 붙은 표주박   47

물을 마시지 않겠사오니 용서하여 주십시오."
 사죄의 말이 떨어지자 그제서야 입에서 표주박이 떨어졌다. 그후부터 부하들은 감히 탈해를 속이려 하지 아니하였다.
 이 신비한 샘은 지금도 토함산에 있는데 옛사람들은 예내우물이라 불러 왔다. 그 말은 석씨집 우물이라는 뜻이라 한다.
 신라 문화의 황금 시대를 이루었던 통일 신라 중엽에 예내우물 위에 석불사(石佛寺)가 지어지고 이 샘물 위에는 세계에서 가장 자비로우신 부처님(석굴암 부처님)이 앉아 있게 되었다. 샘물은 부처님이 앉아 있는 밑으로 흘러 나와 폭포로 쏟아져 내렸는데, 석굴암 부처님을 찾아온 사람들은 이 물에 손과 입을 씻고 정결한 마음으로 부처님께 참배하였다. 지금 계단 밑 돌 물통에 괴어 있는 감로수가 바로 예내우물에서 흘러 나온 샘물이라고 한다.

<삼국유사>

미추왕과 죽엽군

　신라 제 13 대 미추 임금은 계림의 금궤 속에서 탄생한 김알지의 6대 손으로 김씨로서는 처음 임금이 된 분이다.
　미추 임금은 나라 안을 순회하면서 외롭고 가난한 노인들을 보살펴 주기도 하고 농사철에는 일체의 동원을 금지시키는 등 사랑으로써 백성들을 다스렸다.
　이 임금이 즉위한 지 23년 만인 284년 10월에 세상을 떠나니, 흥륜사 동쪽에 장사지내고 대릉(大陵)이라 불렀다.
　이 임금 이후부터는 대부분의 임금들이 경주 김씨의 후손들이었으므로, 왕실에서는 이 능을 시조당(始祖堂) 또는 대묘(大廟)라 불렀으며 삼산과 함께 큰 제사를 드렸다.
　다음 왕위를 이은 유례 임금 14년 어느 날이었다.
　이웃에 있는 이서국 병정들이 불시에 신라의 서울로

쳐들어오는데 그 수효를 헤아릴 수 없었다.
　신라에서는 군사를 많이 동원하여 힘껏 싸웠다. 그러나 적의 힘이 막강하여 대적할 수가 없었다. 신라군은 힘이 부족하여 싸우면 패하고 또 패하여 마침내는 대궐마저도 위태로운 지경에 이르렀다.
　이때 갑자기 적의 후방으로 신라의 응원 부대가 함성을 지르며 적을 공격해 오는데 그 수효를 헤아릴 수 없었다. 그런데 이상하게도 그 군대들은 투구의 양 옆에 댓잎을 꽂고 있었다.
　갑자기 나타난 죽엽군(댓잎을 꽂은 군대)들의 공격에 놀란 적군들은 지리멸렬되어 다 도망치고 말았다. 위기에 빠졌던 신라는 간신히 평온을 되찾게 되었다. 그러나 신라를 도와 준 죽엽군들은 싸움이 끝나자 어디론가 자취를 감추어 버렸다.

유례왕은 여러 곳에 사람을 보내어 고마운 죽엽군을 찾게 하였으나 그들의 행방은 알 수 없었고, 다만 투구에 꽂았던 댓잎만이 미추왕릉 근처에 수없이 쌓여 있는 것이 발견되었다.

언제나 나라와 백성들을 사랑하던 미추왕의 영혼이 나라의 위기를 구하고자 군대로 화신하여 적군을 물리치고 다시 무덤 속으로 들어갔다는 것을 사람들은 비로소 알게 되었다.

그후부터는 이 능을 죽현릉(竹現陵)이라 부르며 더욱 높이 받들었다.

또 미추왕이 세상을 떠난 지 495년(혜공왕 14년) 되던 해 4월 어느 날 일이었다. 송화산 김유신 장군 묘에서 회오리바람이 일기 시작하였다.

회오리바람은 먼지를 일으키며 마치 송화산 전체가 송두리째 하늘로 올라가는 듯 무섭게 불었다. 그 회오리바람 속에 금빛 갑옷을 입고 말을 탄 늙은 장수가 동쪽을 향해 채찍질을 하고 있었다. 그 뒤에는 40여 명의 무장한 무사들이 뒤따라 행진하는데 먼지 속에 창끝이 번쩍

번쩍 빛났다. 장수의 일행은 먼지와 함께 죽현릉으로 들어가고 있었다. 조금 후에 능 속에서 천지가 진동하는 듯 큰소리가 났다.

"신은 평생 나라의 난국에 앞장서 왔고 겨레의 소원이던 삼국 통일을 이룩했습니다. 지금 죽어서 혼백이 되었어도 나랏일을 걱정하고 있는데 지난번 저의 후손이 아무 죄도 없이 죽음을 당했습니다. 이것은 저의 성의를 몰라주는 것이니 이제 저는 다른 나라로 옮아 갈까 합니다. 대왕께서 하락해 주십시오." 하는 정중한 호소였다.

"나와 유신공이 나라를 지키지 않는다면 저 백성들은 누가 건지겠소. 공은 그전처럼 나라를 지켜 주오."

미추왕의 이런 조용하고도 엄숙한 타이름을 듣고 무서운 회오리바람은 다시 김유신 장군의 묘로 사라져 버렸다.

미추왕은 이렇게 왕 중의 왕이었으므로 죽현릉을 대묘라 부른 것이다.

＊앞의 죽엽군 이야기는 "삼국유사"에 근거함.

박제상과 치술신모

　19대 눌지왕은 임금의 자리에 오른 후 여러 백관들을 모아 연회를 베풀고 친히 술잔을 권하였다. 술잔이 몇 순배 돌아가고 대부분이 거나하게 취했을 때 임금은 눈물을 흘리면서 백관들에게 말했다.
　"일찍이 선왕께서 일본의 조름에 못 이겨 동생 미사흔을 볼모로 보냈는데 이제 16년이 지났어도 돌아오지 못하고, 또 고구려에서 화친을 요구해 복호가 볼모로 간 지도 6년이나 되었소. 나는 왕위에 앉아 평안한 날을 보내고 있으나, 먼 나라에 가서 고생하고 있는 두 아우를 생각하면 밤이 되어도 잠이 아니 오고 베개에 눈물 마를 날이 없소. 내 만일 두 아우를 만나 함께 선왕(先王)의 사당에 고하게 된다면 얼마나 기쁘겠소? 나는 그 공을 결코 잊지 아니할 것이오. 누가 그 계책을 말해 주기 바라오."
　왕은 눈물 젖은 눈으로 말하며 애걸하듯이 백관들을

바라보았다. 이때 수주촌간 벌보말과 일리촌간 구리내와 리이촌간 파로가 엎드려 한결같이 아뢰었다.

"이 일은 참으로 쉬운 일이 아니오니 지혜와 용맹을 겸한 사람이라야 될 것이옵니다. 삽량주의 간(干) 박제상 (朴堤上)은 용맹과 지혜와 의리를 겸한 사람이오니 불러서 의견을 물으시오면 전하의 근심을 풀어 드릴 줄 민사옵니다."

왕은 곧 박제상을 불러 의견을 물었다.

"신이 듣자옵건대 임금에게 근심이 있으면 신하가 욕을 봐야 하고 임금이 욕을 당하면 신하는 죽게 된다 하였사오니, 만일 일이 어렵고 쉬운 것을 헤아려서 행동한다면 그것은 충성되다 할 수 없을 것이오며, 죽고 사는 것을 가려서 행동한다 하면 그것은 용맹되다 할 수 없을 것이오니 신이 비록 불초하오나 왕명을 받들어 행하겠습니다."

왕은 그를 매우 칭찬하여 술잔을 나누어 마시고 손을 잡아 작별하였다.

박제상은 왕명을 받아 변장을 하고 뱃길로 북해를 향해 떠나, 마침내 고구려로 들어가서 복호공이 묵고 있는 곳으로 찾아가서 비밀리에 그를 만났다.

고성(古城) 물문에 배를 대놓고 기다릴 터이니 5월 15일 새벽에 도망쳐 오라고 약속하고, 제상은 바닷가에 와서 안전하게 도망갈 지리를 살피고 있었다.

 약속한 날짜가 가까워 오자 복호공은 병을 핑계삼아 며칠 동안 조회에 나가지 않다가, 약속한 날 밤중에 도망하여 고성 해변에 이르렀다.
 기다리고 있던 박제상은 복호공을 배에 태우고 재빨리 노를 저었다. 한시 바삐 육지에서 멀리 떠나가야 했기 때문이었다. 그러나 뱃머리를 채 돌리기도 전에 "멈춰라! 복호!" 하는 고함소리와 함께 화살이 날아와서 뱃전을 어지럽혔다.
 "위급합니다. 공은 뱃전에 엎드리시오."
 이렇게 얘기하고 제상은 바삐 노를 저어 육지에서 멀어지려고 애를 썼다.

그러나 멈추라는 고함소리와 함께 비 오듯이 화살이 날아왔다. 복호공이 도망친 것이 곧 왕에게 보고되어 수십 명의 군사들이 뒤를 쫓아온 것이었다.

박제상은 부지런히 노를 저어 화살이 미치지 못할 만큼 바다 멀리 피해 왔다.

위기 일발의 어려운 고비를 벗어나서 생각하니 이상한 일이었다. 분명히 몇 대의 화살을 몸에 맞았는데도 아프지 않았기 때문이다.

살펴보니 화살에는 화살촉이 없었다. 복호가 고구려에 있는 동안 주위 사람들에게 친절하게 대했으므로 쫓아온 군사들이 그를 살려 보내려고 살에서 촉을 뽑고 빈 화살만을 날려 보냈던 것이다.

복호 왕제와 박제상은 비로소 안심하고 무사히 돌아왔다. 눌지왕은 6년 만에 그립던 동생을 만나 크게 기뻐하고 형제의 정을 나누며 제상의 노고를 위로하였다.

그러나 그립던 동생을 만나 보니 일본에서 고생하고 있는 또 한 동생 미사흔 생각이 더욱 간절하여 눈물을 흘리면서 탄식하였다.

"내가 두 아우를 두 팔처럼 생각하고 있었는데 한 팔은 찾았으나 한 팔은 아직 찾지 못했으니 어찌 슬프지 않으랴!"

이때 박제상은 임금에게 절하고 아뢰었다.

"신이 비록 재주가 없고 어리석으오나 이미 이 몸을

나라에 맡겼으니 임금님의 명령이시오면 어디인들 못 갈 곳이 있겠습니까. 그러나 왜인들은 교활하고 의리가 없는 까닭에 속임수를 쓸 수밖에 없습니다. 신이 일본에 들어가서 조국을 배반하고 온 것처럼 말을 퍼뜨릴 터이오니 그것을 허락해 주신다면 신은 죽기를 맹세하고 왕제님을 모셔오겠습니다."

임금은 "무슨 수를 써서라도 미사흔을 데려와 주오." 하고 간청하였다.

박제상은 임금에게 하직하는 절을 올리고 대궐을 나와 집에는 들르지도 않고 말을 타고 출발하여 율포(지금 울산) 나루에 이르렀다.

그의 아내는 남편 제상이 일본으로 떠났다는 소식을 듣고 말을 달려 채찍을 치며 뒤쫓아갔다. 그러나 남편 제상은 이미 배를 타고 떠나간 뒤였다.

아내는 발을 구르며 떠나는 남편을 목메게 불러 봤지만 제상은 떠나는 배 위에서 손만 흔들었다. "여보! 여보!" 발돋움하고 울부짖는 아내를 모래펄에 둔 채 제상이 탄 배는 가물가물 수평선으로 사라져 버렸다.

박제상은 왜국에 가서 거짓말을 하였다.

"신라 왕은 아무 죄도 없는 나의 아버지를 죽였으므로 도망쳐 왔습니다. 나를 살려 주십시오." 하고 도움을 청했다. 왜 왕은 그 말을 듣고 박제상에게 집을 주어 일본에 살게 하였다.

제상은 그후부터 미사흔 왕제를 모시고 바다에 나가서 물고기며 바다새, 바다 짐승을 잡아 왜 왕에게 바치면서 거짓으로 충성을 다했다. 왜 왕은 아주 기뻐하며 제상을 깊이 신임하였다.

어느 날 새벽 바다에 안개가 자욱히 끼어 있을 때, 박제상은 미사흔 왕제를 바닷가에 모시고 나와 "오늘 떠나시오. 바다에 안개가 끼어 좋은 기회입니다." 하고 고국 신라로 떠날 것을 재촉하였다.

그러나 미사흔 왕제는 박제상의 소매를 붙잡고 놓지 않았다.

"그러면 장군께서도 같이 떠납시다."

"아니 됩니다. 신이 만일 같이 떠난다면 왜인들이 알고 금방 뒤쫓아올 것입니다. 신은 이곳에 남아서 그들이 뒤쫓는 것을 막아야 됩니다. 어서 떠나십시오."

제상은 왕제에게 떠날 것을 재촉하였으나 왕제는 제상의 목을 껴안고 눈물을 흘리면서 떠나려 하지 않았다.

"나는 지금까지 장군을 아버지처럼 여겨 왔는데 장군을 버리고 어찌 나 혼자 떠날 수 있겠습니까."

"신은 공을 구하여 조국에 보냄으로써 대왕님의 심경을 조금이라도 위로할 수 있다면 그것으로 만족합니다. 시간이 지체되면 큰일이오니 어서 떠나십시오."

재촉하던 박제상은 울고 서 있는 미사흔 왕제를 번쩍 들어 배에 태우고 신라 교포 강구려에게 노 저을 것을 명령하였다. 왕제를 태운 배는 돛을 높이 올리고 안개 낀 바다로 사라져 버렸다.

 날이 밝자 미사흔 왕제의 감시원들은 그전과 같이 미사흔공의 방을 살펴보고자 하였다.
 제상은 나와서, 미사흔공이 어저께 사냥을 하느라 지쳐서 아직도 자고 있으니 조금 있다가 오라고 하였다.
 저녁때가 되어도 미사흔공이 일어나지 않자 감시원들은 의심을 품고 다시 와서 캐물었다. 이때에 박제상은 미사흔 왕제가 본국으로 돌아간 일을 사실대로 말했다. 깜짝 놀란 감시원들은 달려가서 왜 왕에게 아뢰었다.
 왜 왕은 대로하여 수병들을 시켜서 당장 뒤쫓아가 미사흔을 잡아오라 하였다. 수병들은 밤중이 되어 되돌아와서 안개가 낀 날이라 방향을 알 수 없어 더 쫓아갈 수 없다 하였다. 왜 왕은 박제상을 꽁꽁 묶어 옥에 가두고 고문을 시작하였다.
 "너는 어째서 신라 왕제를 몰래 보냈느냐?"
 "우리 임금의 소원을 이루어 드리려 한 것뿐이오."
 "너는 이제까지 내 녹을 먹고 내 신하가 되었는데 어찌 신라 왕을 임금이라 하느냐?"
 "나는 신라의 신하일 뿐이오. 왜국의 신하가 아니오."
 "그렇다면 어째서 어저께까지는 내 신하라 하였느냐?"

"우리 왕제를 구원하여 우리 임금의 근심을 덜어 드리기 위해서 거짓말로 한 것이오!"

"무엇이 어째! 거짓말이라고? 이놈!"

왜 왕은 화가 머리끝까지 치밀었으나 박제상의 충성심에 감동하였던지 조금 부드러운 음성으로 달래듯이 말했다.

"네가 이제부터라도 신라의 신하가 아니고 일본의 신하로서 내게 충성을 약속한다면 너를 살려 줄 것이다. 그러나 만일 그대로 고집한다면 너의 목을 베어 버리리라."

"나는 차라리 신라의 개나 돼지가 될지언정 왜국의 신하가 되기는 싫소."

"박제상 듣거라! 네가 만약 이제라도 내게 충성을 약속한다면 높은 벼슬에 많은 녹을 줄 것이다. 그러나 만일 그러지 못하겠다면 너의 껍질을 벗기고 화형에 처할 것이다."

"나는 차라리 신라의 형벌을 받을지언정 왜국의 녹은 받고 싶지 않소."

왜 왕은 노하여 더 참지 못하고 제상의 발바닥을 벗기고 갈대 위로 걸어가게 하였다. (지금도 갈대에 빨간 얼룩이 있는 것은 이때 흘린 박제상의 피라는 전설도 있다.)

갈대 위에서 피를 흘리는 박제상에게 왜 왕은 물었다.

"너는 어느 나라 신하냐?"
"신라의 신하요."
또 새빨갛게 달군 쇠를 세워 놓고 물었다.
"너는 어느 나라 신하냐?"
"나는 신라의 신하일 뿐이오."
왜 왕은 더 이상 고문하여도 박제상의 굴복을 받을 수 없음을 알고 이를 갈며 제상을 목도섬에 끌고 가서 화형에 처하라고 명령하였다.
왜병들은 박제상을 장작더미 위에 앉히고 불을 질렀다. 만고 충신 박제상의 넋은 이렇게 왜국의 섬 속에서 불길로 타올랐던 것이다.
미사흔 왕제의 배는 신라의 동해안에 무사히 도착했다. 왕제는 먼저 뱃사공 강구려를 시켜 자신이 귀국하였음을 나라에 알렸다.
눌지왕은 놀랍고 기뻐서 사람들을 시켜 멀리까지 마중을 나가게 하고, 왕은 친히 동생 복호와 더불어 남교까지 나가 아우를 맞았다. 대궐에 돌아와서 잔치를 베풀고 온 백성들에게 식량과 옷을 내리는 한편 국내에 대사령(大赦令)을 내려 모든 죄인들에게까지도 기쁨을 주었다.
눌지왕은 박제상이 미사흔을 구해 조국으로 보낸 후에 화형으로 참형당했다는 소식을 듣고 눈물을 흘리며 애통해하였다. 장렬한 충성심을 기리어 박제상의 벼슬을 대아찬으로 높이고 그의 아내를 받들어 국대부인(國大夫人)

으로 봉했다. 그리고 제상의 둘째딸을 미사흔공의 아내
로 맞이하여 충신의 은혜에 보답하였다.

한편 남편이 떠났다는 소식을 듣고 말을 달려 뒤쫓아
간 박제상 부인이 항구 율포에 다다랐을 때는 이미 제상
이 배를 탄 뒤였다. 임을 싣고 떠나는 배가 가물가물 멀
어져 가니 부인은 눈물이 앞을 가려 볼 수 없었다. 눈물
을 씻고 다시 정신을 차렸을 때에는 배는 수평선 너머로
사라지고 갈매기들만 오락가락 날고 있었다.

부인은 할 수 없이 발을 옮겨 돌아섰다. 서울 경주의
남쪽 교외인 망덕사 앞에 이르렀을 때 부인은 걸음을 멈
추고 서울을 바라보았다. 임 없는 서울은 빈집같이 허전
했다. 부인은 더 걷지 못하고 그 자리에 쓰러져서 길게
한숨을 쉬었다.

이때 친척들이 달려와서 부인을 부축하여 집으로 가려
했으나 부인은 얼마 못 가서 주저앉은 채 일어나지 못했
다. 두 다리를 굽힐 수 없었기 때문이었다.

부인이 길게 한숨을 쉬었다는 망덕사 앞 모래밭은 지
금도 사람들이 장사(長沙)라 하고 두 다리가 뻗쳐 일어나
지 못했다는 곳은 양지버든이라 부르고 있다.

박제상 부인은 왕제가 무사히 돌아온 다음 남편이 처
참하게 화형당했다는 소식을 듣고 산으로 올라갔다. 남
편이 죽어 있는 땅이라도 보고 싶은 생각에서 높은 산을

더듬어 치술령 정상에까지 올라갔다. 발돋움하고 동해를 바라봤으나 망망 바다 끝은 하늘에 닿았을 뿐, 임의 혼이라도 남아 있을 일본땅은 보이지 않았다. 목메게 불러봐도 그리운 임은 대답이 없으니 돌아가신 혼인들 어떻게 만날 수 있으리요. 발돋움하고 동해를 향해 애타게 남편을 부르며 울고 있던 부인은 홀연 새가 되어 푸른 바다 위로 날아가 버렸다. 육신은 산 위에 버려 둔 채 그의 넋은 그리운 임을 찾아 머나먼 바다 위로 하염없이 날아갔던 것이다.

그리고 버려진 그의 육신은 한 개의 바위가 되어 산 위에 서 있었다. 수천 년 풍상에 시달리며 넋을 잃은 채 동해를 바라보고 서 있는 그 바위를 사람들은 망부석(望夫石)이라 불러 오고 있다.

나라에서는 부인의 남편을 아끼는 그 곧은 마음을 기리어 망부석 곁에 사당을 세우고 부인을 받들어 치술신모(鵄述神母)로 모셨다. 지금 치술령 정상에는 사당은 없어지고 바위만 홀로 서 있는 것이다.

<경주시지, 마을 사람들의 이야기>

간 묘

　옛날 신라의 서울 주변은 무성한 숲으로 둘러싸여 있었다. 남쪽에는 남정숲이 있었고 서쪽에는 흥륜사로 유명한 천경림이 있었다. 동쪽에는 사천왕사로 이름난 신유림이, 북쪽에는 호원사로 잘 알려진 논호림과 유림숲 등이 있었는데, 논호림과 유림숲에는 온갖 새들과 짐승들이 많이 있어 임금과 귀족들은 이 숲으로 사냥을 다니는 일이 많았다 한다.
　지금 논호림(고성숲)과 유림숲 사이에 옛 무덤이 하나 쓸쓸하게 자리잡고 있는데, 이 무덤은 신라 충신 김후직(金后稷)의 묘로서 간묘라 불리는 유서 깊은 묘소이다.
　김후직은 지증왕의 증손으로 진평왕 때 병부령이라는 높은 직위에 있었다.
　진평왕은 신체가 장대하고 힘이 장사일 뿐 아니라 무예에도 능했으므로 사냥을 즐겼다. 대궐을 비워 놓고 사냥을 즐기는 무리들과 함께 짐승들을 쫓아 헤매는 날이 많았다.
　어느 날 김후직은 사냥을 떠나는 임금의 말고삐를 붙잡고 눈물로 간청하였다.
　"옛 성인 말씀에, 사냥을 즐기면 마음이 거칠어져서 옳은 생각을 못할 것이라 하였습니다. 나라의 정무에 등한하시고 사냥으로 시간을 낭비하신다면 선대에 보답하는 도리가 아니옵고 만대에 본보기가 되지 못하옵니다. 임금님 사냥을 거두어 주소서."
　그러나 왕은 김후직을 뿌리치고 숲을 향해 채찍을 쳤다. 그후에도 후직은 여러 번 임금에게 간청하였으나 왕은 후직의 말을 귀찮게 여길 뿐 아니라 후직을 미워하게까지 되었다.
　후직은 마침내 병이 들어 죽게 되었다. 임종에 이르러 세 아들을 불러 놓고 이런 유언을 남기고 숨을 거두었다.
　"나는 임금의 잘못 행함을 바로잡아 드리지 못하고 죽는다. 임금이 그릇되면 나라가 위태롭게 되는데 이를 바로잡아 드리지 못했으니 어찌 임금의 신하라 하고 나라를 사랑한다 하겠느냐. 내 죽거든 임금이 사냥 다니는 길 옆에 묻어 달라."
　세 아들들은 고성숲 서편 유림숲으로 가는 길 옆에 아버지 산소를 모셨으니 이것은 진평왕이 유림숲으로 자주 사냥을 다녔기 때문이었다.

어느 날 왕은 많은 사냥꾼들을 거느리고 유림숲으로 사냥을 떠났다. 매 사냥꾼들은 매를 손에 들고, 짐승 사냥꾼들은 활과 창을 들고 많은 개들을 앞세우거니 뒤세우거니 하면서 독산에서 유림숲을 향해 줄지어 갔다.

이때 바람결에 이상한 소리가 들려 왔다.

"임금님, 사냥을 거두어 주소서……" 하는 간절한 소리에 사냥꾼들은 가슴이 움찔하여 걸음을 멈추고 임금에게 사실을 아뢰었다. 그제야 임금도 귀를 기울이니 사냥을 거두어 달라는 애절한 소리가 바람결에 들려 오고 있었다.

임금은 "이 소리가 어디서 들려 오는가?" 하고 신하들에게 물었다.

신하들은 "얼마 전에 죽은 김후직의 무덤 속에서 들려 오는 소리인 줄 아뢰옵니다." 하였다.

임금은 눈을 감고 말이 없었다. 감고 있는 눈에서는 눈물이 흘렀다.

"김후직은 죽어서도 나를 아껴 무덤 속에서도 충성스러운 말을 하니 내 이를 듣지 않는다면 후세에 무슨 면목으로 그의 영령을 대하랴." 하고 사냥길에서 되돌아섰다.

진평왕은 그후부터 일체 사냥을 하지 않고 정무에만 힘썼으니, 사람들은 이 묘소를 기리어 간묘(諫墓)라고 부르게 된 것이라 한다.

지금 묘 앞에 '김후직 간신지묘(金后稷諫臣之墓)'라 새겨진 묘비는 1710년 당시 경주 부윤이 세운 것이다.

<삼국사기>

단석산과 김유신

지금 경상북도 월성군 서면, 내남면, 산내면 등 세 면의 경계 되는 곳에 높이 827m로 우뚝 솟은 산이 단석산(斷石山)이다.

이 산은 달래산이라고도 하는데 삼국 통일 이전에는 중악(中岳)이라 하여 나라에서 영산(靈山)으로 여겨 오던 산이었다.

김유신(金庾信)은 15세에 화랑이 되었는데, 낭도들이 모여들어 잘 따랐으므로 그 무리들을 용화향도라고 하였다.

화랑 김유신이 17세 되던 해(611년)에는 고구려와 백제와의 쉴 새 없는 국경에서의 전쟁으로 백성들이 괴로움을 당했다.

이것을 본 김유신은 슬픔과 분함을 이기지 못하여 홀로 단석산의 석굴을 찾아가서 깨끗하게 목욕하고 하늘을 향해 빌었다.

"적국은 무도하게 우리 나라 강토를 침범하여 인명과 재물을 약탈하므로 우리 국민은 하루도 편할 날이 없습니다. 저는 재주도 용맹도 없사오나, 적을 물리쳐 나라의 환란을 없애려고 결심하였사오니, 하늘이시여 저에게 힘과 용기를 주시옵소서." 하며 기도를 사흘이나 계속하였다.

나흘째 되던 날 새벽에 칡 옷을 입은 한 노인이 나타나서 말했다.

"이곳은 사나운 짐승들과 독한 벌레가 많은 무서운 곳인데 웬일로 귀한 소년이 홀로 와 있는고?"

유신은 깜짝 놀라 "어르신네께서는 어디서 오셨으며 누구시옵니까?" 하고 공손히 물었다.

"나는 난승이라 하는데 일정하게 사는 데 없이 가고 오는 것을 인연으로 삼고 있단다."

노인은 조용히 말했다. 유신은 그 노인이 보통 사람이 아닌 것을 알고 두 번 절하고 앞으로 나서 간청하였다.

"저는 신라 사람입니다. 나라를 침범하여 백성들을 괴롭히는 원수들을 보고 마음이 아프고 분함을 못 참아 적을 물리칠 힘을 얻고자 이곳으로 왔습니다. 어르신네께서 저의 정성을 불쌍히 여기시어 무술을 가르쳐 주시기 바랍니다."

그러나 노인은 하늘만 쳐다보며 묵묵히 말이 없었다. 유신은 눈물을 흘리면서 노인에게 일곱 번이나 엎드려

　간청하였다. 그런 뒤에야 노인은 입을 열었다.
　"너는 어린 몸으로 삼국을 통일할 마음을 갖고 있으니 그 뜻이 장하다. 내가 이제부터 남이 모르는 무술을 너에게 가르쳐 줄 터이나, 이 비법은 아무데나 쓰지 마라. 만일 세상을 이롭게 하는 데 쓰지 않는다면 도리어 큰 해를 입을 것이다."
　노인은 신비로운 무술을 다 가르쳐 주고는 산꼭대기로 올라갔다. 유신도 따라 올라갔으나 노인은 산정에서 연기처럼 사라져 버리고 그 자리엔 오색 서기가 찬란하게 빛나고 있었다.

이 산에는 석굴이 여러 곳 있어서 김유신이 기도하던 석굴이 어느 곳인지 확실하게 알 수 없으나, 지금 신선사의 상인암이 그곳이라 하는 이들이 많다.

그 바위에는 미륵 삼존대불 외에 많은 불상들이 새겨져 있고 향로를 받들어 공양하는 인물과 버들개지 같은 것을 들고 있는 인물상이 있어 유명하다.

김유신이 이끄는 용화향도라는 말은 미륵불을 섬기는 무리들이란 뜻이고, 절 이름을 신선사라 한 것도 화랑도와 관계 깊은 말이기 때문에 이곳을 김유신의 기도처라 믿고 있는 것이다.

산정 동쪽에는 김유신이 칼로 돌을 깎아 만들었다는 돌기둥(하늘 받침돌)이 있고 그 아래 단석사 터가 있다.

<삼국사기>

김유신과 세 여신

 화랑 김유신이 어린 시절에는 신라 국경에 적들의 침입이 자주 있어 국민들은 한시도 마음놓고 살 수가 없었다.
 김유신이 14세 되던 해(608년)에는 고구려 군사들이 신라의 북쪽 국경을 넘어와 신라의 백성들을 8천 명이나 잡아갔다. 그들은 남의 나라 백성들을 잡아다가 노예처럼 부리며 어려운 일을 시키는 것이었다.
 신라의 북쪽 국경 지대에는 아버지와 어머니를 잃고 길가에서 헤매며 울부짖는 어린이들이 수없이 많았다.
 그뿐이 아니었다. 또 두 달 후에 그들은 다시 쳐들어와서 국경을 지키는 데 중요한 요새 우명산성을 점령해 버렸다. 이제는 국경의 둑이 무너졌으니 언제 적들이 홍수처럼 쳐들어올지 몰라 국민들은 불안에 잠겨 있었다.
 김유신이 17세 되던 해(611년)에는 서쪽에 있는 백제 군사들이 쳐들어와 신라의 가잠성을 점령해 버렸다. 이 싸움에서 무수한 신라 청년들이 목숨을 잃었고 성주 찬덕 장군도 전사하였다.

많은 부모들이 자식을 잃고 슬퍼하는 모습을 본 화랑 김유신은 분한 생각과 아울러 하루바삐 적을 섬멸시킴으로써, 백성들이 웃으며 살 수 있게 하고 임금님의 근심을 덜어 드려야 되겠다는 마음이 가슴 가득 끓어올랐다.

유신은 분연히 보검을 허리에 차고 열박산의 깊은 골짜기로 들어가 향을 피운 다음 보검을 뽑아 단 위에 놓고 하늘에 기도하였다.

"지금 북쪽에서는 고구려가, 서쪽에서는 백제가, 동쪽에서는 일본이 쉴 새 없이 국경을 침범해 오는 까닭에 우리 국민들은 안심하고 살 수가 없고 우리 임금님께서는 근심을 덜 날이 없습니다. 제가 비록 어리고 재주가 없으나 몸과 마음을 다 바쳐 나라를 구하려고 결심하였사오니, 하늘이시여 저에게 힘을 주소서."

사흘째 되던 날 하늘에 두 별이 유난히 밝게 빛나더니 그 찬란한 빛이 보검의 칼날에 파랗게 어리어 칼날은 소리를 내며 떨고 있었다. 김유신은 하늘이 뜻을 받아 주시는 것으로 믿고 보검을 조심스럽게 칼집에 넣고 집으로 돌아왔다.

화랑 김유신이 거느리고 있는 낭도들을 용화향도라 하였는데 그들은 경치 좋은 산천을 찾아 다니며 무술을 익히고 마음을 닦으면서 나라를 구할 의논을 하였다.

수많은 용화향도 중에서도 백 석은 김유신을 가장 충실하게 따르고 받드는 낭도였다.

김유신이 18세 되던 해 가을 어느 날, 백 석은 고구려를 정벌하려고 깊은 생각에 잠겨 있는 유신을 찾아와서 조용히 말했다.

"적을 무찌르려면 적들의 실정을 알 필요가 있으니 먼저 고구려에 들어가서 그들의 내막을 정탐하고 오는 것이 어떠하겠습니까?"

김유신은 그의 말을 받아들여 두 사람이 같이 고구려에 가기로 하였다.

유신과 백 석은 변장을 하고 밤중에 남몰래 길을 떠났다. 하루 밤낮을 걸어 이튿날 석양이 되어 큰 고개 위에 이르렀다. 고개 위에는 아름다운 처녀 두 사람이 풀밭 위에서 쉬고 있다가 두 사람의 청년을 보고 반갑게 맞으며 부탁하였다.

"저희들은 골화천(지금의 영천)까지 가서 골화관에 머물려고 하는데, 날은 저물어가고 길은 험하고 무서워서 여자의 몸으로는 가기가 두려우니 동행하여 주시기 바랍니다."

유신은 옷차림이 깨끗하고 상냥한 처녀들이 동행할 것을 청하므로 기꺼이 허락하고, 이마의 땀을 씻을 사이도 없이 고갯길을 내려와서 골화천에 이르렀다.

네 사람은 다 같이 객사 골화관에서 여장을 풀기로 하

였다. 이때 또 한 처녀가 골화관에 나타났다.

　김유신은 예쁜 처녀들과 재미있게 이야기하며 밤을 새우는데 처녀들이 나가더니 맛있는 과일을 가지고 왔다.

　과일을 먹어 가며 이야기를 주고 받는 동안 유신은 처녀들의 마음을 믿게 되어 고구려로 들어가는 목적을 말했다. 그러나 처녀들은 별로 놀라는 기색도 없이 유신과 백 석의 모습을 보고 벌써 알고 있었노라 하였다.

　밤이 새고 날이 밝자 그 중 한 처녀가 김유신 곁에 와서 생글생글 웃으며 귀엣말로 속삭였다.

　"저 백 석은 잠깐 동안 여기 있게 하고 화랑님께서는 저희들과 같이 숲속에 가서 놀다 옵시다." 하고 졸랐다.

　유신은 백 석도 같이 가면 어떻겠느냐고 하였더니 처녀는 "백 석은 이곳에 남겨 두고 화랑님만 갑시다. 다른 처녀들도 그것을 원하고 있습니다." 하며 유신만 같이 갈 것을 졸랐다.

　유신은 하는 수 없이 백 석을 혼자 있게 하고 세 처녀를 따라 숲속 길을 거닐었다. 숲속 깊이 들어와서 마을이 보이지 않게 되자 세 처녀는 갑자기 엄숙한 여신으로 변하여 유신을 둘러싸고 말했다.

　"우리는 내림, 혈례, 골화 등 세 곳의 호국신(護國神)이오. 지금 그대와 동행하고 있는 백 석은 고구려 사람으로서 그대를 해치려고 유인해 가는 것인데, 그것도 모르고 따라만 가고 있기에 우리들은 그것을 알리려고 여

기까지 온 것이오. 정신을 차려야 할 것이오."

말을 마치자 세 여신은 연기같이 사라져 버렸다.

유신은 깜짝 놀라 그 자리에 쓰러져 있다가 일어서 보니 그곳엔 아무도 없었다. 유신은 정신을 가다듬어 내림, 혈례, 골화 등 세 곳을 향해 두 번씩 절하고 숲속에서 나와 골화관으로 향하였다.

골화관으로 돌아온 유신은 백 석을 보고 말했다.

"내가 다른 나라로 갈 때 몸에 지녀야 하는 귀중한 지도를 깜빡 잊고 왔다. 지도가 없으면 적국에 들어가도 모든 일이 허사가 될 것이니 돌아가서 지도를 가지고 가도록 하자."

그러자 백 석은 지도가 없더라도 보고 들은 것을 자세히 기록하여 가지고 오면 될 것이 아니냐고 하며 그냥 떠날 것을 주장하였으나, 유신은 지도는 꼭 필요한 것이니 가지고 가야 한다며 백 석을 데리고 서울로 발길을 돌렸다.

서울에 돌아온 유신은 백 석을 잡아 가두고 자기를 고구려로 데리고 가려 한 목적을 바른 대로 말하라고 문초하였다.

백 석은 할 수 없이 자백하였는데 그의 대답은 이러하였다.

"나는 고구려 사람입니다. 고구려에는 추남이라는 음양학을 잘하는 사람이 있었는데, 어느 때 고구려 국경으로 흐르는 물이 거꾸로 흐르고 있었으므로 임금은 추남을 불러 점치게 했습니다. 추남은 '대왕님의 왕비께서 대왕님 외에 다른 사람을 생각하고 있기 때문에 나타난 징조입니다.'라고 대답했답니다. 추남의 요망한 말을 들은 왕비께서는 크게 노하여, 믿을 수 없으니 다른 일로 시험해 봐서 그자의 말이 맞으면 자기에게 벌을 내리고 그자의 말이 틀릴 때에는 그자에게 큰 벌을 내려야 한다고 임금께 간청했습니다. 임금은 왕비의 청을 받아들여 함 속에다 큰 쥐 한 마리를 넣은 다음 뚜껑을 덮고 추남에게 보이면서, 이 함 속에 무엇이 들어 있느냐고 물었습니다. 함 속에 무엇이 들어 있느냐는 임금의 물음에 추남은 서슴지 않고, 그 속에는 쥐가 들어 있다고 대답하였더니 임금은 마음속으로 놀라며 눈을 크게 굴렸습니다.

'쥐! 그래, 쥐는 맞았다. 그렇다면 쥐의 수는 모두 몇 마리나 되겠느냐? 그것을 맞혀 보아라.'

함 속에 쥐가 몇 마리 있느냐고 재차 묻는 임금의 말에 추남은, 쥐가 틀림없이 여덟 마리 있을 것이라고 대답하였습니다. 그러자 임금은 크게 노하며 '쥐가 한 마리밖에 들어 있지 않은데 너는 여덟 마리라 하였으니 틀린 것이다. 너는 아무것도 아는 것이 없으면서 거짓말로 왕비를 비방하고 세상을 소란하게 하려고 하였으니 너의 죄는 용서할 수 없다. 여봐라! 저놈을 형장으로 끌고 나가 목을 베어라.' 하고 사형을 명령했습니다.

형장으로 끌려간 추남은 죽어가면서 하늘을 향해 말했습니다. '내가 죽은 후에는 반드시 다른 나라에 태어나 억울하게 나를 죽인 이 고구려를 멸망시키고야 말 것입니다.' 하고 맹세하였다 합니다.

추남을 죽인 후 임금이 쥐가 들어 있는 함을 열어 봤더니 그동안 큰 쥐가 새끼 일곱 마리를 낳아 함 속에는 여덟 마리의 쥐가 들어 있더랍니다. 그제서야 임금은 추남의 말이 맞은 것을 알고 후회하게 되었습니다.

그후 어느 날 임금은, 추남이 신라에 가서 장수 김서현의 품에 안기는 꿈을 꾸고 걱정이 되어 여러 신하들에게 말하고 대책을 의논하였습니다.

　여러 신하들은 추남이 신라에 가서 김유신으로 태어나 고구려를 해치려는 징조이니, 지금 김유신을 제거하여 버리지 않는다면 장차 나라가 위태로울 것이라고 믿었습니다. 그리하여 몰래 사람을 보내어 김유신을 고구려로 유인해 오도록 하는 것이 좋겠다는 것을 한결같이 임금께 아뢰었습니다.

　임금께서 드디어 저에게 김유신을 유인하여 고구려로 데려오라는 명령을 내리셨으므로 저는 신라로 몰래 들어온 것입니다.

　제가 이때까지 화랑님께 충성을 하는 척한 것이나 또 고구려로 모시고 가려 한 것이나 모두 고구려의 백성으로서 고구려의 임금께 충성을 다하려 함이었습니다.” 하고 긴 사연을 말했다.

　김유신은 비로소 자기가 위험한 길을 떠났던 것을 알았고 세 여신의 고마움을 가슴 깊이 느꼈다. 국법에 의하여 백석을 사형에 처한 후 유신은 내림, 혈례, 골화 세 곳을 찾아가서 크게 제사를 올리고 감사를 드렸더니 세 여신이 모두 나타나서 유신의 용단을 기뻐하였다.

　내림은 지금 월성군 천북면 화산리에 있는 나리 마을이고, 혈례는 대성군이라 하였는데 지금 어느 곳인지 확실하지 않다.

　그리고 골화는 지금 영천을 말하는데, 이 세 곳은 신

라 시대에 대사(大祀)라 하여 가장 큰 제사를 드리던 신성한 곳이었다.

신라 때는 산이나 강이나 큰 바위에도 신령이 있어 사람의 생활에 도움을 주는 것이라 믿고 있었는데, 이러한 신령들이 한결같이 나라를 사랑하고 보호하는 호국신들로 신앙되었다. 김유신은 세 여신이 자신의 목숨을 보호해 준 것은 삼국을 통일하여 싸움을 없애고 백성들이 평화롭게 살도록 해달라는 부탁으로 알고 통일 대업을 이룩할 것을 더욱 굳게 다짐하였다.

작 원 성

　　대장군 김유신은 서쪽의 강적인 백제를 치려고 지금 건천역 북쪽 한실 어귀 언덕 위에 자리잡은 토성에 진을 치고 많은 군사들을 훈련시키고 있었다.
　　이 소식을 들은 백제 임금은 크게 걱정하였다. 김유신은 보통 장수가 아니고 지혜와 용맹을 겸한 명장이라는 소문이 널리 퍼져 있었기 때문이었다.
　　옥좌에 앉아 턱을 괴고 근심에 잠겨 있던 백제 임금은 사랑하는 딸 계선을 불러 의논하였다.
　　임금의 외동딸 계선 공주는 슬기롭고 용모가 뛰어나게 아름다웠을 뿐 아니라, 여러 가지 동물의 형태로 몸을 바꿀 수 있는 둔갑술을 익히고 있는 용감한 처녀였다.
　　샛별 같은 두 눈을 깜박이면서 아버지의 이야기를 듣고 있던 계선 공주가 자기 의견을 얘기했다.
　　"아바마마, 너무 걱정하실 것이 없습니다. 우리 백제는 넓은 옥토로 이루어진 나라여서 먹을 것, 입을 것이 모두 풍족하고 백성들은 한마음 한뜻으로 아바마마께 충성을 다하고 있습니다. 김유신이 제아무리 명장이라 하더라도 백제땅에는 한 발자국도 침입하지 못할 것입니다. 또 만에 하나라도 세상일을 몰라 김유신이 백제땅으로 쳐들어왔다 하더라도 우리 나라에는 저절로 적을 무찌르는 자용병기(自勇兵器)라는 신비한 무기가 있지 않습니까. 너무 근심 안하셔도 좋을 것입니다. 적병들의 수가 얼마나 되고 사기는 어떠한가 제가 잠깐 가서 동정을 살펴보고 오겠습니다." 하고 계선 공주는 땅 위에서 재주를 한 번 넘더니 까치로 변해 동쪽으로 날아갔다.

그때 건천 토성에서는 성 위에 열 가지 깃대를 꽂아 놓고 회의를 열고 있었다.

김유신이 여러 장수들과 병사들을 모아 놓고 백제의 국경에는 어떠한 산이 있고 어떠한 강물이 흐르고 있는지, 이러한 산세를 어떻게 이용하는 것이 좋을 것인가에 대해 의견을 나누는 중요한 회의였던 것이다.

까치로 변한 계선 공주는 그중 높게 꽂혀 있는 대장기 위에 올라앉아 "깟깟" 짖어대면서 성안의 동정을 살피고 있었다.

성안의 장병들은 대장의 깃대 위에서 까치가 요망스럽게 지저귀는 것을 보고 무언가 불길한 생각이 들어 서로 얼굴만 쳐다보며 말이 없었다.

그러나 광채나는 눈빛으로 까치를 노려보고 있던 김유

작원성 83

 신은 문득 칼을 뽑아 까치를 향해 겨누었다. 칼빛을 받은 까치는 깃대 위에서 거꾸로 떨어지면서 아름다운 여자 계선 공주의 몸으로 변했다.
 계선 공주는 할 수 없이 김유신 장군 앞에 엎드려 빌었다.
 "감히 경솔하게 진중을 엿본 일을 용서해 주십시오."
 김유신은 크게 웃으면서 말했다.
 "자기 나라를 위하여 남의 나라 사정을 알려고 애쓴은 당연한 일로서 죄라 할 수 없는 일이 아닌가. 우리는 그대를 그대의 나라로 돌려보내노라. 돌아가거든 신라는 정의의 나라로서 오직 하늘의 명령에 따라 행동하기에 군사들과 장수들은 일치 단결하여 흔들림이 없더라고 그대의 왕에게 전하라."

　계선 공주는 다시 까치가 되어 땀에 흠씬 젖은 날개로 기진맥진하여 허겁지겁 백제로 돌아갔다. 그후부터 이 토성을 작원성(鵲院城)이라 부르게 되었다 하는데 마을 사람들은 보통 작성이라 한다.

<경주시지>

재 매 정

옛날 신라가 번성하던 때에는 서울 경주에 17만 8,936 호나 되는 기와집들이 처마를 잇대고 있었는데 그 많은 기와집들 중에는 귀족들이 사는 큰 저택들이 서른다섯 곳이나 되었다 한다.

이러한 저택들을 금입택(金入宅)이라 불렀는데 모두 경치 좋은 곳에 자리잡은 화려한 건물들이었다. 서른다섯 금입택 가운데는 옛 기록에 의해서 그 위치를 대략 짐작할 수 있는 곳은 있지마는, 그 터를 확실하게 알고 있는 곳은 김유신 장군의 집터였다는 재매정 댁(財買井宅) 터뿐이다. 재매정 터는 임금이 있던 대궐 정문인 귀정문 터에서 서쪽으로 약 500m 거리에 있다.

앞에는 남천이 흐르고 그 건너편으로 남산성을 마주 보는 자리에 선덕, 진덕, 무열, 문무 4대 임금을 섬긴 충신 김유신 장군이 살던 재매정 터가 있는 것이다.

644년 선덕 여왕의 명령을 받은 상장군 김유신은 군사들을 지휘하여 서쪽 국경을 침범하는 백제의 근거지인 가혜성, 성열성, 동화성 등 일곱 성을 무찔러 국경을 굳건하게 정비해 놓고 출정한 지 넉 달 만에 서울로 돌아왔다.

그러나 대궐 정문에 닿기도 전에 백제 군사들이 신라의 매리포성을 공격해 온다는 급보가 왔으니, 장군은 곧 가서 적을 막으라는 왕명이 내렸다.

김유신 장군은 왕명을 받들어 출정하느라 재매정 집에 들러 가족들도 만나 보지 못하고 다시 국경으로 떠났다. 침범해 오는 적들을 무찔러 막아내고 성을 정비하는 장군에게 여왕은 귀환하라는 명령을 내렸다.

김유신은 출정한 지 일곱 달 만에 다시 그리운 서울로 돌아왔는데 그때는 꽃피는 3월이었다. 김유신이 군사를 이끌고 대궐에 도착했을 때 또 국경에서 급보가 날아왔다. 백제 군사들이 국경을 침범하기 위해 대병력을 일으키고 있다는 보고였다.

여왕은 반갑게 인사할 사이도 없이 김유신에게 간청하듯이 명령을 내렸다.

"장군은 수고스럽겠지만 적들이 준비를 완전히 갖추기 전에 이를 방비해야겠으니 다시 국경으로 출정해 주시오."

김유신은 명령을 받고 곧 군사들과 무기를 정비한 후 대궐에 들어가서 임금에게 승리를 서약하고 대궐 귀정문으로 나왔다.

 귀정문에서 나오면 바로 장군의 집 재매정 댁이 있다. 재매정 댁 문 앞에는 오랫동안 보고 싶던 아버지, 오빠, 남편을 보려고 가족들이 문 밖에 나와서 행렬을 기다리고 서 있다가, 군대의 행렬이 집 앞에 다다르자 가족들은 손을 흔들면서 환성을 울렸다.

 그러나 장군은 가족들 쪽으로 얼굴을 돌리지도 않고 앞만 보고 행군하였다. 군대 행렬이 자기 집을 다 지나온 다음 장군은 고삐을 당겨 말을 멈추고 곁에 따르는 부하에게, 자기 집 우물에 가서 물 한 그릇을 떠가지고 오라고 명령하였다.

부하가 뛰어가서 물을 떠오자 김유신 장군은 단숨에 한 그릇을 마시고 나서 "우리 집 물맛은 예나 다름없구나." 하며 크게 웃고 나서 서쪽을 향해 채찍질하였다.

행군은 다시 시작되어 서쪽으로 향해 가는데 장병들은 서로 이런 이야기를 나누었다.

"장군께서도 전쟁에 나가는 마당에서는 가족들을 돌보지 않는데, 감히 우리들이야 가족들과 이별함에 눈물을 보일 수 있겠는가."

모든 장병들이 이렇게 마음을 굳게 먹고 씩씩하게 진군하여 이 싸움에서도 대승하였던 것이다.

<삼국사기>

용이 드나드는 절

 경상북도 월성군 양북면 용당리에 있는 감은사는 용이 드나들던 절로 유명하다.
 이 절은 682년 신라 제 31 대 신문왕이 아버지 문무 대왕의 명복을 빌기 위해서 세운 절이다.
 문무왕은 삼국 통일을 이룩한 신라의 대성군(大聖君)이다.
 681년 7월 1일에 세상을 떠났는데 생전에 지의 법사를 불러 이렇게 당부한 바 있었다.
 "내가 죽은 후에는 동해에 장사지내 달라. 용이 되어 동해를 지키겠노라."
 이에 지의 법사는 "용이란 짐승인데 대왕님께서 어찌 짐승으로 세상에 태어나실 수 있겠습니까?" 하고 만류하였다.
 그러나 문무왕은 나라의 평화를 지킬 수만 있다면 비록 못생긴 짐승으로 태어난다 하더라도 마음에 거리낄 것이 없다고 하였다.

이어서 문무왕은 신하들과 태자를 불러 놓고 유언했다.

"이때까지 우리 강토는 세 나라로 나누어져 있었기 때문에 싸움이 그칠 날이 없었다. 이제는 세 나라가 합쳐 한 나라가 되었으니 싸움은 없어졌고 백성들은 무기를 녹여 호미와 괭이를 만들고 있다. 세금도 가벼워지고 부역도 많이 덜게 되었으니 이제 평화로운 나라가 되었다 할 수 있을 것이다.

그러나 오직 동해로 침입하여 재물을 노략질하는 왜구들은 아직도 걱정이 아닐 수 없다. 그러므로 나는 죽은 뒤에 용이 되어 불법을 받들고 나라의 평화를 지키겠으니 나의 유체(遺體)는 동해에 장사지내라 부탁하는 것이다.

그리고 태자는 재상들의 뜻을 존중하고, 아래로는 여러 관직에 종사하는 사람들을 사랑으로 가르쳐 일을 맡기도록 하라. 조상님으로부터 이어받은 보좌(임금의 자리)는 잠깐 동안이라도 비어서는 안 되는 것이니 태자는 내 관 옆에서 즉위식을 올리라.

또한 세월이 지나면 산천도 변하고 인간들의 생각도 변해서 풍속이 바뀌는 것인데 죽은 사람을 위해서 큰 비용을 들이지 마라. 오(吳)나라 왕이 묻힌 북산 무덤에 황금 비둘기의 찬란한 빛을 지금은 볼 수 없고, 위(魏)나라

왕이 묻힌 서릉을 보아도 오늘엔 동작(銅雀)이란 이름만 남아 있을 뿐이더라.

  옛날 천하를 다스리던 위력 있는 임금일지라도 끝내는 한줌의 흙으로 변하고 마는 것이고, 거대하고 화려한 무덤일지라도 세월이 지나면 목동들이 그 위에서 노래를 부르고 여우와 토끼들이 굴을 파게 되는데 무엇 때문에 죽은 사람을 위해서 큰 비용을 들이는가. 죽은 사람에게 큰 비용을 들이는 것은 재물만 낭비하는 일이요, 사람들의 수고만 헛되게 하는 일일 뿐 영혼을 고이 모시는 일은 못 되는 것이니라.

  이러한 일들은 내가 일찍이 즐거워하는 일이 아니었으니, 내가 숨을 거둔 뒤 열흘이 되면 고문(庫門) 밖 뜰에서 화장으로 장례하고 상복은 우리 옛 풍습에 따라 입으라.

  그리고 상례는 검소하게 하고 먼 변방에 있는 성이나 주와 현에서 바치는 세금을 받지 않아도 될 때에는 마땅히 철폐하도록 하라. 또 나라에 불편한 법이 있을 때에는 즉시 편리하도록 고쳐 시행하도록 하라.

  내가 마지막으로 말하는 이 뜻을 전국에 알리고, 이를 맡은 사람들은 이를 어김없이 시행하도록 하라."는 긴 유언을 남기고 세상을 떠났다.

  다음 왕위를 이은 31대 신문왕은 거룩한 부왕의 간절한 유언을 받들어 불교 의식으로 대왕의 유체를 화장하여 그 사리를 동해로 봉안하였다.

동해로 가는 도중에는 7백 년 동안 침노하는 왜적들과 싸워 온 명활산성이 있고 승리를 기원하던 천군사며 황룡사, 표충사가 있다.

서울 동쪽을 성벽처럼 둘러막고 장엄하게 솟아 있는 추령을 넘으면 호국사원인 지림사가 있고, 하얀 바위 위에 드높게 앉아 동해를 지켜 보는 골굴석굴(骨窟石窟) 대불(大佛)이 있다. 이 여러 절들과 부처들이 모두 왜적들의 침입을 막기 위하여 이룩된 것이니 왜적들이 우리를 얼마나 괴롭혔던가 짐작할 수 있는 것이다.

대왕의 유체는 이 왜적들의 침입을 바다에서 막아 육지로 오르지 못하게 하기 위하여 이곳으로 운구되는 것이다.

문무 대왕은 부산성, 북형산성, 남산성 등 나라의 울타리가 되는 성들을 정비하고 무기 창고며 식량 창고인 장창을 지었다. 그리고 사천왕사, 임해전, 안압지 등 겨레의 자랑이 되는 문물을 남겼을 뿐 아니라 겨레의 염원이던 삼국 통일을 이룩한 임금이다.

살아서 온갖 정성을 모두 나라에 바친 대왕은 죽어서 유체마저 물 속에 잠기려는 것이다. 이 행렬이 추령을 넘어 동해를 향하는데 어느 누가 눈물을 뿌리지 않았을까. 길가에서 백성들은 엎드려 소매를 적셨을 것이고 절에서 스님들은 목메게 염불을 읇을 것이다.

 지금 양북면 수제리 바닷가에서 200m쯤 되는 바다 가운데 대왕바위라 불리어 오는 바위섬이 있는데, 이 바위섬 안에 문무 대왕의 사리를 모신 수중왕릉이 있다.
 대왕바위는 둘레가 약 200m 가량 되는 바위인데 바위 안에 깊이 3m 정도의 못을 파고 동서남북으로 각각 물길을 열어 놓았다. 못 가운데 길이 3.95m, 나비 2.6m, 높이 1m 되는 육중한 바위가 남북으로 누워 있는데 대왕의 사리는 이 바위 밑에 봉안되어 있을 것이라 한다.
 동쪽으로 트인 물길로 새 물이 밀려들어와 대왕의 무덤에 괴었다가 서쪽으로 열린 물길로 밀려나가고, 다시 동에서 새 물이 흘러 들게 되어 있다.

신문왕은 용으로 변한 대왕이 마음대로 드나들 수 있도록 물 속에 무덤을 모시고 부왕의 명복을 빌기 위해 감은사를 지었다.

　감은사는 수중왕릉에서 대종천을 거슬러 1km쯤 올라온 곳에 있다. 용대산을 배경삼아 앞에는 용담 호수를 끼고 용마전산을 마주보는 신령한 곳에 자리잡고 있다.

　지금 법당 터 앞에는 신라의 석탑으로 가장 거대한 쌍탑(높이 12.9m)이 나란히 솟아 있고, 이 절 법당 밑에는 돌로 된 굴이 ㄇ모양으로 마련되어 있는데, 이 굴은 용이 된 대왕이 법당으로 드나들 수 있게 설계된 것이라 한다.

　마을 사람들은 옛날에 이 절 앞에 괴어 있는 용담 호수까지 바닷물이 차 있었고 약 20년 전까지도 용이 드나들던 굴을 볼 수 있었다고 말하고 있다.

　대왕 바위에서 대왕이 용이 되어 승천하는 것을 왕이 바라보며 경배하던 곳을 이현대(利見臺)라 하는데 이현대는 지금 대본(臺本)에 있다.

<삼국유사, 삼국사기>

호국룡과 원성왕

　서라벌 동북쪽에 있는 금학산 기슭에 동천사라는 큰 절이 있었다. 이 절에는 동지(東池), 청지(靑池)라 불리는 샘이 둘 있었는데, 이 두 샘에는 신라를 지키는 호국룡(護國龍)이 살고 있었다. 또 호국룡이 살고 있는 샘으로는 분황사의 팔각 우물이 있었다.
　당나라 왕은 이 세 우물 속에 호국룡이 살고 있는 한 신라가 고분고분 복종하지 않을 것을 염려하여, 사신을 신라에 보내어 신라 사람들 몰래 세 우물의 용을 잡아오라 명령하였다.
　795년(원성왕 11년) 여름 당나라의 사신이 왔다. 그는 볼일을 다 보았는데도 얼른 돌아가지 않고 한 달이나 더 머물렀다.
　그러면서 가끔 절에 참배한다는 핑계로 동천사며 분황사에 드나들었다. 그런데 한 달이 지난 어느 날, 당나라 사신은 불시에 행장을 꾸려 가지고 본국으로 돌아간다

하며 허겁지겁 떠났다.

　원성왕은 오래 묵은 손님을 보내 놓고 홀가분한 기분으로 대궐 뜰에서 쉬고 있는데 아름다운 두 여자가 나타나서 절을 하며 아뢰었다.

　"저희들은 동천사의 동지, 청지 두 우물에 사는 호국룡의 아내입니다. 어제 당나라 사신이 주술을 하는 하서국 사람들을 데리고 와서, 두 우물에 물을 떠놓고 주문을 외워 우리 남편들을 작은 물고기로 변하게 해서 대통에 넣어 가지고 돌아가 버렸습니다. 동천사로 올 때 대통 속에는 한 마리의 작은 물고기가 있었습니다. 그것은 분황사의 팔각정에 사는 호국룡이 틀림없을 것입니다. 대왕님께서는 하서국 사람들에게 명령하여 그 물고기를 도로 우물에 넣어 다시 용이 되어 나라를 지키게 하여 주십시오."

　왕은 급히 신하들과 군사들을 거느리고 말을 달려 당나라의 사신 뒤를 쫓아갔다. 석양이 지나서야 지금 영천 부근인 하양관 객사에 이르러 당나라 사신을 만날 수 있었다.

　임금은 객사에 잔치를 베풀고 당나라의 사신과 하서국 사람들을 불러 놓고, 오랫동안 우리 나라에 머물러 정이 깊게 들었는데 갑자기 이별하게 되니 섭섭함을 금할 수 없어 석별의 정을 다시 나누기 위해서 달려왔노라고 하였다.

호국룡과 원성왕   97

　당나라 사신은 마음이 조금 불안했으나 신라 왕이 용에 대해 알지 못하고 있는 것 같았으므로 안심하고 술을 마셨다.
　술이 거나하게 취한 다음 원성왕은 부드러운 음성으로 당나라 사신에게 말했다.
　"풍토가 다르고 풍속이 다른 나라에 가면 무엇이나 기념으로 갖고 싶은 것은 사람의 상정일 것이오. 당신들이 우리 나라의 용을 갖고 싶다는 심정은 이해하겠으나……" 하고 말하다가는 하서국 사람들을 향하여 음성을 높이고 노기를 띠며 호령하였다.

"네놈들이 남의 나라 호국룡을 저주하여 훔쳐다가 팔아먹다니, 네놈들을 용서하지 못하리라! 이제 세 용을 내놓지 않는다면 무도한 네놈들을 이 자리에서 사형에 처하리라."

청천 벽력 같은 호령 소리에 하서국의 두 사람은 물고기가 들어 있는 대통을 왕에게 바치고 목숨만 살려 달라고 빌었다.

왕은 외국 사신 앞이라 특별히 살려 주노라 하고 물고기를 가지고 돌아와서 세 우물에 각각 놓아주었다.

물고기들은 기뻐서 한 길씩이나 솟구치며 춤을 추듯 하더니 우물 속으로 들어갔다.

당나라 사신은 왕의 명철함에 놀라 본국에 돌아가서는, 다시는 용을 훔칠 생각은 하지 않는 것이 좋을 것이라고 자기네 임금에게 보고하였다.

<삼국유사>

제 3 부
신비스런 물건

금자를 묻은 무덤
만파식적
만만파파식적
에밀레종
하늘이 내려 준 옥대

금자를 묻은 무덤

　박혁거세 거서간이 신라의 첫 임금으로 즉위하자 하느님은 천사를 시켜 선물을 내리셨는데, 그것은 금자(金尺)였다. 금자에는 하늘의 이치를 표시한 눈금이 있고 길이는 다섯 치였는데 네 개의 마디가 있었다. 그리고 머리에는 불길 속에 빛나는 구슬이 새겨져 있었다 한다. 이 자는 참으로 신비한 위력까지 지니고 있었다.
　병든 사람을 재면 병이 낫고 죽은 시체를 재면 죽은 사람이 살아나는 그러한 힘을 가진 보물이었다. 왕이 이 자를 얻은 후부터 국운은 왕성해지고 백성들은 날로 태평가를 드높게 불렀다.
　이 소문은 중국 한(漢)나라 황제의 귀에까지 들어가게 되었다. 한나라 황제는 신라의 금자가 탐이 나서 금자를 잠깐만 보여 달라고 신라에 사신을 보내 왔다.
　한나라에서 사신이 떠난다는 소문을 들은 신라에서는 이 보물의 처리 문제를 놓고 회의가 열렸다.

왕이 신하들에게 물었다.

"금자는 하늘에서 내린 우리 나라의 국보인데, 한나라 황제가 잠깐 구경하겠다고 보여 달라 하니 어떻게 처리하는 것이 좋겠소?"

"한나라는 국토가 넓은 것을 자만하여 신의가 없는 나라이오니 빌려 간다 하더라도 돌려주지 않을 것입니다." 하고 한 신하가 아뢰었다.

"한나라는 인구가 많은 것을 믿고 항상 이웃 나라들을 침범하여 괴롭히는 나라인데 그런 보물을 주어 더 강성하게 만들어 준다면 우리 나라는 그만큼 더 불리하게 될 것입니다." 하고 또 다른 신하가 말했다.

이렇게 되어 회의에서는 금자를 한나라에 빌려 주지 않기로 결정하였다.

"아무리 국보라 하더라도 조금만 보고 돌려주겠다는데, 그것도 못한다면 이웃 나라의 도리가 아니니 보여 줄 수 없다는 구실이 있어야 할 것이 아니오. 그 구실을 생각해 보도록 하오."

임금은 다시 신하들의 의견을 물었다.

"그러한 보배를 자주 사용하여 죽어야 할 사람을 계속 살려 놓는다면 필경에는 새로 세상에 태어날 사람들이 태어나지 못하게 될 것입니다. 금자는 우리 국토 어느 곳에 묻어 버리는 것이 안전할 것 같습니다."

한 신하가 땅속에 묻을 것을 주장하였다.

"좋은 의견인 줄로 아옵니다. 그러한 물건으로 여러 나라의 눈총을 받는 것보다는 아주 묻어 버리고 마음놓고 사는 것이 옳을까 합니다."

찬성하는 신하가 또 있어 결국은 금자를 땅에 묻어 무덤을 만들고, 그 주위에도 많은 무덤을 만들어 한나라 사신이 온다 하더라도 찾을 수 없게 하기로 결정하였다.

금자는 곧 땅속에 묻히고 그 부근에는 많은 무덤이 생겼다. 얼마 후에 한나라 사신이 도착하였다. 황제의 소원이니 금자를 빌려 달라 하였다.

"금자는 원래 귀중한 보물이라서 땅속에 묻어 놓았습니다. 그래도 도둑들이 알고 파갈까 염려되어 금자를 묻어 놓은 무덤 주위에 많은 무덤을 만들어 놓았습니다. 그런데 그때 금자를 묻은 사람이 죽어 버려 지금은 금자가 어느 무덤 속에 들어 있는지 알 길이 없답니다." 하고 신라에서는 그럴듯하게 꾸며 대답하였다.

한나라 사신은 금자가 묻혀 있다는 무덤을 찾아가 봤으나 똑같은 무덤이 많았으므로 그 무덤을 다 파볼 수도 없고 하여 그냥 빈손으로 돌아갔다.

그후 세월이 흐르고 흘러 신라에서도 그 금자가 어느 무덤에 들어 있는지 아는 사람이 없게 되었다. 신라 초기의 보물인 금자는 지금 월성군 서면 금척리에 있는 수많은 고분 중 어느 무덤 속에서 이천 년 동안 계속 잠자고 있을 것이라 한다.

<경주시지>

만파식적

　682년 5월 1일 신라 31대 신문왕은 심신이 피로하여 대궐 뜰 나무 아래 놓여 있는 의자에 아무렇게나 걸터앉아 지난날의 일들을 잊으려고 애썼다.
　신록이 우거진 가지에선 꾀꼬리가 울고 창포꽃 사이로는 제비가 미끄럼 타듯이 날았건만 신문왕의 눈에는 그런 것들이 보이지 않았다.
　위대한 아버지 문무 대왕이 세상을 떠나자 그의 유언에 따라 동해 가운데 있는 바위섬 안에 못을 만들고 그 못 속에 부왕의 뼈를 봉안하여 드렸다. 그 능이 세상에 하나밖에 없다는 수중릉(水中陵)이다.
　또 부왕이 왜구의 침입을 막기 위해 동해안에 설계하던 대가람(큰 절)을 완성하여 부왕의 명복을 비는 사찰로 삼았다. 신라의 유명한 목수들을 총동원하여 법당을 세우고 강당을 짓고 이때까지 유례없던 큰 석탑도 법당 앞에 세웠다.

앞에는 바닷물이 괴어 호수를 이룬 용담이 있는데 용담에 성벽같이 웅장한 축대를 쌓고 그 위에 장엄한 감은사를 세웠다.

이러한 일들은 자손으로서 부모에게 대한 도리를 다하는 것이라 하겠지만, 더 넓은 뜻에서 보면 모두 나라를 위하는 일인 것이다. 조상의 덕을 찬미하고 조상을 위함으로써 나라의 뿌리가 충실하게 뻗어 내려 굳건해지고, 백성들 가슴마다 나라를 소중하게 여기는 마음씨들이 씨알처럼 맺혀 길이길이 번영할 수 있다고 생각되기 때문이다.

이렇게 거대한 일들을 모두 마쳤으니 이제 마음이 홀가분하고 흐뭇해야 할 터인데, 신문왕의 가슴은 몸서리치게 괴롭고 아팠다.

상주의 몸으로 이렇게 어려운 일들을 마무리짓느라 정신없이 몰두하고 있는 틈을 타서, 자기를 가장 잘 보살펴 주었어야 할 장인 소판(3등 벼슬) 흠돌 일파가 반란을 일으킨 것이다.

그래서 왕비의 아버지 흠돌을 비롯하여 부왕이 아끼던 신하 여러 명을 처형해 버렸고, 사랑하던 왕비마저 죄인의 딸이라 하여 대궐에서 쫓아냈으니 세상이 믿을 수 없고 허전하기만 했다. 이때 사령이 달려와서 아뢰었다.

"동해의 해관(海官) 박숙청이 와서 임금님을 뵙자 합니다."

파진찬(4등 벼슬) 박숙청은 부왕의 수중릉 부근 일대의 바다를 감시하는 중한 책임을 맡고 있는 해관이었다. 임금은 만나겠노라 허락하고 급히 대궐로 나왔다. 박숙청은 임금에게 절하고는 너무 급하여 말도 제대로 잇지 못하였다.

"지금 대왕암(수중릉) 저편에 보지 못하던 섬 하나가 새로 생겼습니다."

"뭐? 동해에는 대왕 바위 외에 다른 섬이 없는데 또 무슨 섬이 생겼단 말이냐?"

임금은 믿어지지 않아 놀라서 물었다.

"그런데 그 섬은 한 곳에 있지 않고 감은사를 향해 떠오고 있습니다. 너무도 신비한 일이오라 아뢰는 것이옵니다." 하고 보고를 하였다.

임금은 첨성대에 있는 일관(日官) 김춘질을 불렀다.

일관이란 나랏일을 점치는 책임을 맡은 사람이다. 일관 김춘질은 새로 생긴 섬 이야기를 다 듣고 나서 왕에게 "대왕님의 아버님께서는 지금 용이 되시어 삼한(三韓)의 강토를 지키시옵고, 김유신공께서는 천신이 되시어 나라를 보살펴 주고 계십니다. 두 성인께서 뜻을 같이 하시어 나라를 지키는 큰 보물을 대왕님께 주시려 합니다. 임금님께서 해변으로 행차하시면 반드시 값으로 헤아릴 수 없는 큰 보물을 얻을 것이옵니다." 하고 그 일이 길조인 것을 아뢰었다.

해안에 행차하면 큰 보물을 얻을 것이라는 일관의 말에 지쳐 있던 신문왕의 눈이 번쩍 빛났다. 왕은 행차 준비를 갖추어 그 달 7일에 대궐을 떠나 동해안으로 향했다.

동해안으로 가려면 큰 산을 넘어야 하기 때문에 왕은 수레에 타지 않고 말을 타고 떠났다. 명활산성을 지나 물길을 거슬러 계곡으로 깊이 들어가면 낮에도 밤처럼 어둡다는 골짜기 암곡에 이른다.

골짜기 어귀에는 유명한 원효 스님이 머물던 고선사가 있다. 그러나 신문왕은 새로 생긴 섬 일이 궁금하여 이러한 절에도 들르지 않고, 추령 정상 부근에 있는 황룡사에서 점심 식사를 마치고는 계속 말을 몰아 행차의 대열을 움직였다. 행차가 추령을 넘어 기림사에 이르렀을 때에는 이미 해가 기울어 갈 수 없었으므로 기림사에서 하룻밤을 쉬기로 하였다.

이튿날 아침 기림사를 떠난 대왕의 행차는 한나절이 지나서야 감은사에 이르렀다. 신문왕은 감은사에서 여장을 풀고 감은사 부처님께 예배한 후 석양녘에야 이현대에 올라 동해에 새로 생긴 섬을 바라보았다. 과연 대왕암 저편에 거북처럼 생긴 섬 하나가 물 위에 솟아 있는 것이 보였다.

그런데 이상한 일은 거북 머리처럼 생긴 산꼭대기에 대나무 두 그루가 서 있었는데, 해가 서산 너머로 빛을 감추자 두 그루의 대나무는 서로 합쳐서 한 그루가 되는 것이었다.

   신문왕은 새 섬의 신비를 풀기 위해 이튿날 배를 타고 가서 새 섬을 직접 답사하기로 결심하고 그날 밤은 감은사에서 쉬었다.

   이튿날 아침 왕은 이현대에 제수를 차려 놓고 대왕암 수중왕릉에 제사를 드렸다. 이 제사는 신문왕이 아버지 문무 대왕 영전에 드리는 것이지만, 새로 생긴 섬의 신비를 풀게 해주십사 하는 기원도 포함돼 있는 것이었다.

   아침의 동해는 찬란하다. 아침 해가 수평선으로 오르려 할 때 하늘과 바다는 분홍빛으로 물들었고 부서지는 아침 햇빛에 물결은 금빛으로 빛났다. 향로 속에서 하얀 연기가 춤추는 듯이 곡선을 그리며 감돌아 오를 때 신문왕은 네 번 절하고 아버님의 명복과 새로 생긴 섬의 신비를 풀어 달라고 빌었다.

   이때 갑자기 두 그루로 갈라져 있던 새 섬의 대나무가 하나로 합쳐지면서 하늘이 무너지는 듯 우레 소리가 울리고 번갯불이 번쩍 빛났다. 그뿐이 아니었다. 새파랗던 하늘이 갑자기 어두워지며 주먹 같은 빗방울이 여기저기 떨어지더니 이내 폭우로 변하여 비는 퍼붓듯이 쏟아졌다. 바람은 사납게 일고 산더미같이 밀려온 파도는 바위에 부딪쳐 부서져서는 하늘로 솟구쳐 올라갔다. 이 무서운 정경에 사람들은 모두 풀이 죽어 두려움에 떨었고,

신문왕도 할 수 없이 감은사로 돌아와서 날이 개기를 기다리고 있었다.

폭우는 7일 동안이나 무섭게 내리더니 8일째 되는 16일 아침에야 깨끗이 갰다. 무섭던 바다는 파도 하나 없이 조용하였다. 신문왕은 비로소 배를 타고 새 섬으로 향했다. 폭풍이 갠 뒤라 하늘은 파랗고 물결은 햇빛에 반짝이고 하얀 갈매기들은 날개를 펴고 새 섬을 에워싸며 훨훨 날고 있었다.

배가 섬에 다다르자 대왕은 먼저 두 그루의 대나무가 서 있는 산정에 오르려고 길을 찾아 깊은 계곡으로 들어섰다. 비가 온 뒤라 그런지 계곡에는 안개가 자욱하여 동서남북을 분간할 수 없었다. 왕은 걸음을 멈추고 안개가 걷히기를 기다렸다.

잠시 후 안개가 걷히더니 푸른 옷을 입은 용나라의 사자가 나타나서 검은 옥대(玉帶)를 왕에게 바치면서 용으로 된 부왕이 보내는 선물이라고 하였다. 왕은 꿇어앉아 옥대를 받았다.

신문왕은 용나라의 사자가 바치는 검은 옥대를 받으면서 사자에게 물었다.

"산 위에 있는 두 그루의 대나무가 갈라지기도 하고 합쳐지기도 하는데 그것은 무슨 까닭이오?"

"그것은 대왕님께서 소리로써 천하를 다스리게 될 상서로운 징조입니다. 비유해 말씀드리오면 두 손바닥이 마주쳐야 소리가 나는 것처럼 대나무도 합쳐져야 소리가 나는 것이옵니다. 대왕께서 저 대나무를 베어다가 대금을 만들어 불면 천하가 화평해질 것입니다. 지금 대왕님의 아버지 문무 대왕께서는 바닷속의 큰 용이 되셨고 태대각간 김유신 장군께서는 천신이 되셨는데, 두 성인의 마음이 하나로 합쳐져 이 같은 보물을 저에게 맡겨 대왕님께 전하라 하셨습니다. 대나무를 베어 가지고 가십시오."

신문왕은 놀랍고 기뻐서 오색 비단과 금과 옥을 용나라 사신에게 감사의 표시로 주고, 사람들을 시켜 산 위에 있는 대나무를 조심스럽게 베어 오게 하였다.

신문왕 일행이 대나무를 배에 싣고 섬을 떠나며 뒤를 돌아봤더니 이상하게도 섬과 산이 연기처럼 사라지고 그곳에는 아무것도 보이지 않았다.

왕은 그날 밤을 감은사에서 쉬고 17일 아침 다시 대왕바위에 고별 제사를 드린 다음 대궐을 향해 떠났다. 대나무와 옥대를 고운 상자에 넣어 수레에 싣고 왕은 전쟁에서 개선하는 기분으로 서울로 향하였다.

행차가 기림사 서쪽에 이르렀을 때는 한나절이 지났으므로 왕은 경치 좋은 시냇가에 행렬을 멈추고 그곳에서 점심을 들기로 했다. 일행은 각각 마음에 드는 곳을 찾아 바위 위나 나무 아래, 혹은 개울가에 앉아서 나누어 주는 식사를 들었다.

이때 추령 쪽에서 금빛 옷을 입은 십여 명의 기사가 말을 타고 오는 모습이 보였다. 그동안 대궐을 지키고 있던 태자 이공(理恭, 후에 효소왕)이 큰 보물을 얻어 갖고 오신다는 소식을 듣고 아버님 마중을 나오는 것이었다. 이공 태자는 달려와 말에서 내리자마자 아버님께 절하고 보물을 보여 주실 것을 청하였다.

신문왕은 만면에 웃음을 띠고, 수레 위의 상자에 있으니 열어 보라 하였다. 이공 태자는 상자를 열고 옥대를 꺼내어 햇빛에 비추어 자세히 살펴보더니 깜짝 놀라며 외쳤다.

"아바마마, 이 옥대는 마다마디가 모두 진짜 용으로 얽혀져 있습니다."

그러나 신문왕은 "네가 그것을 어떻게 아느냐?" 하고 대수롭지 않게 웃어넘겼다.

이때 이공 태자가 옥대의 관판 하나를 뜯어 냇물에 던졌다. 그러자 갑자기 냇물에 회오리바람이 일더니 검은 연기처럼 솟아오르는 안개 속에 휘말려 한 마리 큰 용이 하늘로 올라가는 것이었다. 그 위력에 땅이 깊이 패고 강물이 그곳으로 흘러들어 그곳은 곧 못이 되어 버렸다. 지금 용연(龍淵)이라 불리는 못이 바로 그 못이라 한다.

신문왕은 대궐에 돌아와서 명공을 불러 그 대로 대금을 만들어 나라의 보물을 간직해 두는 천존고에 두고, 나라에 일이 있을 때마다 대궐의 악사를 시켜 불게 하였

다.

 이 대금을 불면 쳐들어오던 적병이 물러가고 마을에 퍼지던 질병도 없어지며, 가물 때 불면 비가 오고 장마 때 불면 비가 갰다. 그리고 바람이 불 때 불면 바람이 멎고 폭풍이 불 때 불면 폭풍도 잠잠해져서 이 소리가 들리는 곳마다 모든 악신들의 마음이 풀어지고 평화가 깃든다 하였다.

 그래서 나라에서는 이 대금을 만파식적(萬波息笛)이라 이름지어 불렀으며 첫번째로 꼽는 국보로 삼고 대대로 임금들이 이어받아 후세에까지 계승하였다.

총이나 칼과 같은 무기로 세상을 다스리는 것은 야만이다. 아름다운 소리로 세상을 다스린다는 우리 조상들의 꿈은 인류의 영원한 이상이 아닐 수 없다.

신문왕 이후로 백 년 동안은 나라에 큰 싸움 없이 태평 세월이 계속되어 찬란한 문화를 이룩하였다.

<삼국유사>

만만파파식적

부례랑은 신라 32대 효소왕(692~703) 때 사람으로 당시 수많은 낭도(화랑을 따르는 젊은이들)들에게 존경을 받던 화랑이었다. 그를 따르는 낭도들은 천여 명이나 되었는데 그 중에서도 안 상(安常)이 더욱 그러하였다.

화랑들은 수백 명 내지 천여 명이 무리를 지어 큰 산, 큰 내 등 경치 좋은 곳을 찾아 유람한다. 괴로움과 즐거움을 같이 겪으며 서로 가르치고 배우고 도와 가며 심신을 연마한다. 그들은 노래와 춤을 즐겼으며 그를 통해 괴로움을 잊고 단결하여, 유람을 마치고 돌아왔을 때는 여러 사람들을 위해 가장 슬기롭고 성실하게 일한 사람을 나라에 추천하였다.

그렇기 때문에 신라 시대의 어진 재상이나 충성된 신하, 용감한 장수 중에는 화랑도 출신이 많았다 한다.

693년 3월 부례랑은 많은 낭도들을 거느리고 금란(강원도 통천 부근) 지방을 유람하였는데, 북명(원산만 부근)에 이르렀을 때 갑자기 국경을 경비하고 있던 말갈족들이 습격해 와서 부례랑을 납치해 가버렸다.

　인솔자를 잃어버린 낭도들은 어찌할 줄을 몰라 여러 가지로 의논해 보았으나 부례랑을 구출할 방도가 없었으므로 각자 흩어져 돌아오고 말았다.

　그러나 안 상만은 부례랑을 버리고 그냥 돌아올 수가 없어 부례랑이 잡혀 간 뒤를 쫓아 적국으로 들어갔다. 그후로 부례랑도 안 상도 소식이 없었다.

　부례랑이 잡혀 간 날이 3월 11일이었는데 이 소식을 들은 효소왕은 크게 슬퍼하였다. 젊은이들은 바로 나라의 기둥인데 젊은이들을 지도할 훌륭한 화랑을 잃어버렸으니 큰 슬픔이 아닐 수 없었다.

　돌아가신 아버지 신문왕이, 동해에서 얻은 만파식적과 현금을 천존고에 넣어 두고 이 두 가지 보물이 있는 한 나라에 흉한 일이 없을 것이라 하였는데 어찌 이런 불행한 일이 있을까 하고 생각하며, 나라의 보물을 보존하는 창고인 천존고지기 김정고를 불러들였다.

　임금은 황급히 달려온 김정고에게 천존고의 만파식적과 현금이 제대로 있는가 살펴보라고 명령을 내렸다.

　얼마 후에 김정고는 얼굴이 새파랗게 질려서 임금 앞에 나타났다. 겹겹으로 문을 닫고 자물쇠로 잠가 놓은 천존고 안에 소중하게 보관하고, 다섯 사람이 자지 않고 교대해 가며 지키고 있던 만파식적과 현금이 감쪽같이 없어져 버렸다는 것이다.

"내가 어찌하여 이렇게도 덕이 없어서 나라의 일꾼인 화랑을 잃고 또 나라의 보배인 신적(만파식적)과 현금을 모두 잃었는고. 참으로 돌아가신 부왕께 면목없는 일이로다."

효소왕은 크게 탄식하고 창고를 지키고 있던 김정고 이하 5명을 옥에 가두었다. 그리고 현금과 만파식적을 찾는 사람에게는 상으로 1년의 조세(나라에 세금으로 바치는 쌀)을 면제해 주겠노라고 전국에 선포하였다.

그러나 현금과 만파식적을 봤다는 사람도 없었고 부례랑과 안 상의 소식을 아는 사람도 영영 나타나지 않았다.

그러나 부례랑의 아버지와 어머니는 아들을 위하여 금강산 백률사 부처님께 정성을 다하여 기도를 올렸다. 부례랑이 잡혀 갔다는 소식을 들은 날부터 하루도 거르지 않고 부처님 앞에 향을 피우고 부례랑과 안 상이 무사히 돌아오기만을 빌었던 것이다.

부례랑이 말갈족들에게 잡혀 간 지 두 달도 더 지난 5월 15일에도 부례랑의 부모는 백률사 부처님께 기도를 드리고 있었다. 향 연기는 두 줄로 타올라 그윽한 향기를 내면서 미소 머금은 부처님 얼굴에 감도는데, 스님이 두드리는 목탁 소리는 고요히 법당을 울리며 퍼졌다.

이때 법당 천장에서 "둥기당" 하고 악기 소리가 울리

더니 나라의 보물인 현금과 만파식적이 하늘에서 내려와 탁자 위에 놓이는 것이 아닌가. 부례랑의 부모는 눈을 의심하여 두 보물을 어루만지며 살펴보고 있었다.

"아버님 어머님, 그동안 안녕하셨습니까? 부례랑입니다." 하면서 그립고 그립던 부례랑이 건강한 모습으로 부처님 뒤에서 나타났다.

또 그 뒤를 따라 안 상도 나타났다.

부례랑의 부모는 꿈만 같아 부례랑과 안 상을 껴안고 눈물을 흘리면서 말했다.

"어떻게 된 일이냐? 우리는 너희들 안부를 몰라 부처님께 빌고만 있었다. 그래 그동안 어디서 어떻게 지냈느냐?"

부례랑의 부모는 반가움에 못 이겨 부례랑에게 지난 날의 내력을 묻는 것이었다.

"저는 말갈로 잡혀 간 후 그곳의 부자 대도구라의 종이 되어, 그 집에서 기르는 말들에게 풀 먹이는 일을 맡아 하였습니다. 날마다 대오라니라는 뜰에서 말에게 풀을 먹이면서 얼마나 고향 생각을 하고 있었는지 모른답니다. 오늘도 전과 같이 대오라니 뜰에서 말들을 돌보고 있는데, 용모가 단정한 스님 한 분이 손에 만파식적과 현금을 들고 와서 '너는 지금 고향 생각을 하고 있지?' 하고 묻기에, 저는 그 앞에 꿇어앉아서 '고국의 임금님과 부모님을 그리워하는 이 심정을 어찌 다 말로 할 수 있

겠습니까?' 하고 눈물을 흘렸습니다. '그렇다면 나를 따라오라.' 하기에 스님의 뒤를 따라 어느 바닷가에 이르렀습니다. 그 해변에서 나를 찾아 헤매고 다니는 안 상을 만났습니다. 스님은 만파식적을 두 개로 쪼개서 바다 위에 띄워 놓고 안 상과 나에게 각각 그 위에 타라고 하였습니다. 스님 자신은 현금을 타고 물 위로 흘러갔으나 잠시 후에는 쏜살같이 하늘로 날아서 이곳으로 온 것입니다."

이야기를 마친 부례랑은 향 연기 속에 미소짓고 서 있는 부처님의 얼굴을 자세히 쳐다보더니 감탄하였다.

"아? 그 스님 모습이 이 부처님과 똑같은 모습이었습

니다."

 그리고 쪼개졌다던 만파식적이 흔적도 없이 제 모습으로 현금과 나란히 탁자 위에 놓여 있는 것을 보고 모두들 백률사 부처님의 위력에 감탄하였다.

 부례랑의 아버지 대현아찬이 이 사실을 곧 효소왕에게 아뢰자 대왕은 기뻐하며 두 사람을 대궐로 맞아 들였다.

 부례랑과 안 상이 만파식적과 현금을 왕에게 바치자 왕은 크게 만족하여, 부례랑의 벼슬을 대각간으로 올려 주고 안 상에게는 대통(大統)이란 벼슬을 주었다.

 그리고 부례랑의 아버지에게는 신라 최고 벼슬인 태대각간(太大角干)을 내리고, 어머니에게는 경정궁주라는 존칭을 내렸다.

 천존고를 지키고 있다가 죄없이 옥에 갇힌 김정고 등을 모두 놓아주고 사과의 뜻으로 계급을 오급(五級) 더 높여 주었다.

 그뿐만 아니라 모든 관직에 있는 사람들의 계급을 올려 주고, 모든 백성들로부터는 3년 간 세금을 받지 않기로 하였으며 모든 죄인들의 벌을 감해 주었다.

 백률사에는 금, 은 식기며 밭 1만경(頃, 약 3천만 평) 등 많은 상을 내렸으니, 나라 안에 만파식적과 현금의 은혜를 입지 않은 사람이 없었다.

 효소왕은 이와 같이 국보와 국선(화랑)을 다시 찾은 데 대한 감사를 지극한 정성으로 보답하였다. 그런데 어찌

된 일인지 나라에 불길한 일이 있을 때나 나타나는 혜성(살별)이 6월 12일경부터 동방에 나타나 왕에게 아뢰기를, 이번 일에 부처님과 온 국민에게는 성의를 보이면서 현금과 식적에 성의를 보이지 않은 것은 온당치 못한 일이라 하였다.

  효소왕은 비로소 뉘우치고 식적을 '만만파파식적'이라 불렀더니, 그제서야 혜성이 사라지고 다시는 나타나지 아니하였다.

<삼국유사>

에밀레종

신라 35대 경덕왕은 구리 12만 근을 들여 큰 범종을 만들 것을 명령하였다.

한 번 들으면 더러운 마음이 사라지고 맑고 깨끗한 마음이 일어나는 신비한 신종(神鐘)을 만들어, 부왕인 성덕왕의 위업을 기리고 명복을 빌기 위해서 새로 세운 봉덕사의 종각에 달려는 것이었다.

그러나 이 종의 완성을 보지 못하고 경덕왕은 세상을 떠나고 말았다. 몇 번이나 정성을 다하여 쇳물을 부어 봤지만 종에는 금이 가고 깨진 소리밖에 나지 않았다.

다음 왕위에 오른 혜공왕은 당시 여덟 살밖에 되지 않은 어린이였으므로 태후(경덕왕의 부인) 만월 부인이 정치에 관여하였는데, 전왕이 하려던 일을 계승하여 신종을 다시 만들 것을 혜공왕에게 건의하였다.

왕명을 받은 신하들은 공장이들에게 틀을 만들어 그림을 새기게 하고, 한편으로는 여러 스님들을 전국 방방곡

곡에 보내어 종에 필요한 쇠붙이들을 모아 들이게 하였다.

준비가 다 된 다음 날을 택하여 쇳물을 부었으나 역시 이번 종도 금이 가고 깨어진 소리만 날 뿐이었다.

공장이들과 신하들과 스님들은 모두 낙심하여 풀이 죽어 있는데 나랏일을 점치는 일관이 와서 말했다.

이 신종을 완성하려면 사람의 희생이 있어야 하는데 그것도 속세의 물욕과 때가 묻지 않은 천진 순결한 어린 아이를 쇳물 속에 넣어서 종을 만들어야 한다는 것이었다.

이 세상에 어느 누가 귀한 자식을 바치겠는가. 참으로 난감한 일이었다. 이때 한 늙은 스님이 나서서 말했다.

"작년 겨울 일입니다. 종에 사용될 쇠붙이를 시주받기 위해 어느 마을로 들어갔을 때 아주 가난한 오막살이집이 하나 있었습니다. 그냥 지나가려 하다가 시주도 복전(福田, 복을 닦는 터전)을 가는 일인데 가난한 집이라 하여 뺄 수가 없어서 들어갔더니 귀여운 딸아이를 안고 있는 한 어머니가 있었습니다. 쇠붙이의 시주를 청했더니 '우리 집은 가난하여 쇠로 만든 것은 아무것도 없고 우리 재산이라고는 요것뿐이지요. 이거라도 받아 간다면 드리지요.' 하고 아기를 쳐들며 어르고 있었습니다. 가난한 속에서도 모녀의 사랑이 정겹다고 생각하며 그냥 돌아왔는데, 이제 일이 이렇게 되었으니 이 아기를 데려다가

신종에 바치는 것이 어떨까 합니다." 하는 이야기였다.

  신하들과 스님들은 그 말을 받아들여 가난한 집에 가서 아기를 빼앗아 왔다.

  어머니는 농담으로 한 말이라 하면서 한사코 아기를 내놓으려 하지 않았으나, 부처님을 속일 수는 없는 일이라 하여 강제로 빼앗아다가 끓는 쇳물 속에 집어 넣었다.

  아름답게 그림을 새긴 종틀에 쇳물이 부어지자 이상하게도 이번에는 종신에 금간 데가 없고 구멍이 뚫어진 데도 없이 훌륭한 신종이 이루어졌다.

이루어진 신종을 봉덕사의 종각에 달고 종을 쳤더니 부드럽고 은은하게 맑은 소리가 서라벌 장안으로 울려 퍼졌다.

길 가던 사람도, 집에서 일하던 사람들도 모두 일손을 멈추고 귀를 기울였더니 "웅—" 하고 울려 퍼지는 맑은 소리에 섞여 "에밀레—" 하는 애처로운 아기 울음 소리가 들려 왔다.

엄마의 농담 때문에 쇳물 속에 녹아 버린 어린 딸의 슬픈 하소연이 종소리에 섞여 울려 퍼지는 것이었다.

사람들은 이 종을 에밀레종이라 불러 오고 있으니 지금 경주 박물관에 있는 성덕왕 신종이 바로 그 종이다.

하늘이 내려 준 옥대

 612년 중국 대륙을 통일한 수나라가 113만 3천 8백 명이나 되는 대군을 이끌고 와서 고구려를 공격하던 해이다.
 이 싸움에서 고구려의 영양왕은 명장 을지문덕을 내세워 여러 갈래로 쳐들어오는 수나라의 대군을 여지없이 무찔러 버렸으니, 고구려가 얼마나 강한 나라였나 하는 것을 짐작할 수 있을 것이다.
 이 무렵 백제에는 무왕(武王)이라는 대담하고 용맹스러운 임금이 있어 틈만 있으면 동으로, 북으로 공격의 화살을 날려 싸움을 일으키고 있었다.
 6세기말경부터 7세기 전반에 이르는 동안은 고구려, 백제, 신라 삼국이 모두 크게 성장하여 팽팽하게 맞서 서로 삼국 통일을 노리고 있던 때였다.
 이때 신라의 임금은 26대 진평왕으로서 지략이 뛰어났을 뿐 아니라 키가 3.3m나 되는 거인으로 힘도 장사였다 한다.

어느 날 진평왕이 신하들을 거느리고 대궐 북쪽에 있는 천주사에 행차하여 법당으로 올라가려고 돌계단을 밟았더니, 우지끈 하면서 계단 돌 세 개가 한꺼번에 부서져서 여섯 토막이 되었다. 모시고 가던 신하들과 중들이 깜짝 놀라 주춤 물러선 채 부서진 돌과 임금의 모습을 번갈아 쳐다보고 있었다.

눈이 휘둥그래 쳐다보고 있는 신하들과 중들에게 진평왕은 껄껄 웃으면서 말했다.

"깨진 이 돌들은 옮기지 말고 그대로 이곳에 두고 후세 사람들에게 보이도록 하라."

나라 사람들은 명령을 받아 천주사 법당의 깨진 계단 돌을 새로 갈지 않고 성중의 부동석(不動石)이라 하여 신라의 명물로 후세에까지 보존하여 왔다 한다.

전쟁이 자주 있던 당시는 무엇보다도 적을 막아낼 힘이 필요한 시대였다. 그렇기 때문에 나라를 다스리는 임금도 힘으로 그 권위가 나타났던 것이다.

579년은 진평왕이 즉위하던 해였다.

왕은 어느 날 대궐 뜰에 걸터앉아 앞으로 나라 다스릴 여러 가지 일을 궁리하고 있었다. 이때 문득 하늘에서 이상한 향기가 나며 풍악 소리가 들려 오기에 무심코 하늘을 쳐다봤더니 오색 구름을 타고 한 선녀가 내려오고 있었다.

 왕은 꿈속에서처럼 몽롱하여 정신없이 하늘만 바라보고 있는데, 선녀는 새 임금 앞에 사뿐 절하고 가지고 온 보자기를 풀어 그 속에서 금과 옥으로 장식된 찬란한 띠를 바치면서 말했다.
 "하느님께서 이 옥대를 보내시면서 신라의 새 임금님께 바치라 하셨습니다."
 왕은 비로소 정신을 차리고 자리에서 내려와 꿇어앉아서 친히 옥대를 받았다.
 옥대는 길이가 1.52m쯤 되는 것으로 금과 옥으로 꾸민 과판이 62개나 달려 있었다. 그때의 옷에는 주머니가 없었으므로 칼이나 송곳이나 족집게 같은 일상 쓰는 기구들을 허리끈에 차고 다녔다. 과판이란 이러한 물건들을 달기 위해 허리끈에 붙이는 고리 장식을 말하는 것이다.

이 옥대를 받은 후 진평왕은 천지신명께 제사드리는 교사제(郊社祭) 때나 조상님께 제사드리는 종묘제(宗廟祭) 때에는 반드시 이 옥대를 띠었다 한다.

신라 사람들은 귀한 물건에도 나라를 지키는 신비한 힘이 있는 것으로 믿고 있었으니, 3.3m나 되는 거대한 키에 하늘이 내려 주신 옥대를 띠고 왕좌에 앉은 진평왕의 풍모를 보고 얼마나 미덥게 느꼈을까.

이러한 임금의 풍모가 쉴 새 없이 침략을 받고 있던 당시 신라 백성들에게는 큰 힘이 되었을 것이다.

이 옥대는 신라 삼보(三寶)의 하나로서 후세 왕들에게 대대로 물려졌던 것이다. 신라 삼보는 황룡사 삼존대불(三尊大佛)과 구층 목탑(九層木塔) 그리고 진평왕이 하늘에서 받은 이 천사 옥대(天賜玉帶)였다 한다.

<삼국유사>

제 4 부
슬기로운 생각

대종천의 종
향기 없는 모란꽃
나왕대
도리천의 왕릉
꿈을 산 왕비
처용랑
옥 골

대종천의 종

 신라가 삼국 통일을 이룩한 뒤부터는 절마다 범종을 다는 일이 유행하였다. 범종이란 종의 몸뚱이를 나무 방망이로 때려서 소리를 내는 종인데, 범종을 울리는 목적은 사람들의 마음속에 있는 더러운 마음을 사라지게 하고 착하고 밝은 마음을 지니도록 하기 위함이다.
 경주 박물관에 있는 성덕 대왕 신종(에밀레종)에는 이러한 글이 새겨져 있다.
 "이 소리 울리는 곳마다 더러운 마음은 사라지고 착한 마음이 피어나서 신라에 생명을 타고난 인간은 물론이요, 짐승들에 이르기까지도 바다에 이는 잔잔한 물결처럼 골고루 복을 받아 괴로움 속에서 벗어나게 해주옵소서……"
 신라 사람들에게 범종은 사람들의 마음속에 있는 고운 마음을 불러일으키는 일종의 악기와 같은 것으로 신앙되었던 것이다. 쇠와 쇠가 부딪쳐서 소리를 내는 서양 종과 달라 쇠와 나무가 부딪치며 울리는 범종의 소리는 한 없이 부드럽고 은은하게 들렸던 것이다.

　나무 방망이가 종을 때리는 자리를 당좌라 하는데 당좌는 연꽃을 새겨 장식한다. 연꽃은 흙탕물 속에서도 때를 타지 않는 맑은 꽃이다. 범종 소리도 연꽃처럼 맑은 소리가 되어 온 누리에 퍼져 달라는 소원으로 당좌에 연꽃을 새긴 것이라 한다.

　연꽃처럼 맑은 소리는 사람들의 마음을 곱게 다스려 주는 부처님의 음성과 같은 것이기 때문에, 신라 종에는 구름 타고 하늘에서 내려와 음악을 연주하거나 향을 받들어 종소리를 찬미하는 비천(나는 천사)을 새긴다.

　중국이나 일본 종에는 가로 세로 띠를 둘러 튼튼하게 보이게 하였을 뿐 비천 같은 조각이 없다.

　또 신라 종의 특이한 점은 종 꼭대기에 음관이라는 관이 뚫어져 있는 것이다. 종이 울릴 때 잡음은 이 음관을 통해 빨리 빠져 나가게 하여 맑은 소리가 울리도록 한 것이라 하는데, 중국이나 일본 종에는 이러한 음관이 없다.

　세계의 학자들은 음관이 있고 비천이 새겨져 있는 종을 한국 종이라 부르고 있다. 통일 신라 시대 조상들은 범종이 울리는 곳에는 악이 침범하지 못하고 착함만이 깃들 수 있는 것이라 믿어 정성을 다해 종을 만들었던 것이다.

지금 신라 종으로 가장 오래 된 것은 725년(성덕왕 24년)에 이룩된 강원도 오대산 상원사 종이고 그 다음이 성덕왕 신종으로 771년에 만들어진 것이다.

신라 종으로 가장 큰 것은 구리 49만 758근을 들여 만든 황룡사 종이었는데 이 종은 1238년 몽고란 때 황룡사의 화재로 없어졌다.

또 임진 왜란 때 없어진 것으로 전해 오는 신라 종이 있는데 그것이 바로 지금 이야기하려는 감은사 종이다.

토함산에서 대왕암 부근으로 흘러 들어가는 냇물을 대종천이라 한다. 감은사에는 훌륭한 큰 종이 있어 아침

저녁 들로, 산으로, 바다로 맑은 소리가 은은히 울려 퍼졌다.

임진 왜란 때 이 땅에 침입한 왜적들은 불국사에 불을 지른 후 감은사에 침입하여 대종을 훔쳐 일본으로 가져 가려고 배에 실었다. 그러나 배가 떠나려 할 즈음에 갑자기 천둥이 치며 폭풍이 일어나 배는 파선되어 떠내려가 버리고 왜병들은 모두 죽었다.

그러나 감은사의 대종만은 옛 주인을 찾아 대왕암 물 밑에 가라앉게 되었다.

물결이 일렁일 때마다 대종은 은은히 울리며 옛님의 넋을 위로하고 있기 때문에 이 냇물을 대종천이라 부르게 된 것이다. 지금도 주위가 고요할 때 귀를 기울이고 있으면 가끔 물 속에서 은은한 종소리가 들려 온다고 한다.

<경주시지>

향기 없는 모란꽃

　신라 27대 선덕 여왕은 삼국이 서로 맞서 통일을 노리고 싸우던 어려운 때에 왕위에 올랐다. 김춘추, 김유신 등 훌륭한 인재들을 등용하여 나라를 지키면서 많은 젊은이들을 당나라로 유학시켜 새 문화를 받아들인 영특한 임금이다.
　신라 7대 가람의 하나인 분황사며 동양에서 손꼽히는 큰 탑의 하나인 황룡사 구층 목탑, 지금 남아 있는 천문대로 동양에서 가장 오래 된 것이라는 첨성대도 다 이 임금 때 이룩된 것이다.
　선덕 여왕은 진평왕의 큰딸로서 어릴 때 이름을 덕만이라 하였다. 덕만 공주는 어릴 때부터 남달리 슬기롭고 영특하였으므로 왕자가 없는 진평왕은 지극히 공주를 사랑하였다.
　덕만 공주가 아주 어렸을 때 일이었다. 당나라 태종이 세 폭의 꽃 그림과 그 꽃씨를 선물로 보내 왔다. 그림에는 붉은색, 자주색, 흰색 등 세 가지 빛깔로 핀 모란꽃이 그려져 있었는데, 꽃송이와 잎사귀가 살아 있는 듯이 탐스러웠다.

진평왕은 꽃송이가 크고 빛깔이 화려한 그림을 보고 감탄하여 큰딸 덕만 공주를 불렀다.

"부르셨습니까, 아바마마?"

상냥스럽게 웃으며 달려오는 딸에게 진평왕은 그림을 보이면선 귀여운 딸의 의견을 물었다.

"오! 덕만아, 이 그림을 보아라. 이 꽃씨를 심으면 이러한 꽃이 핀단다. 예쁘지? 꽃 중의 왕이라 불러도 좋을 것 같구나."

그림을 받아 들고 한참 동안 들여다보고 있던 덕만 공주는 실망한 듯이 그림을 아버지 진평왕에게 돌려드리며 말했다.

"참으로 아름답습니다, 아바마마. 그러나 아깝게도 이 꽃에는 향기가 없습니다."

듣고 있던 진평왕은 깜짝 놀라며 물었다.

"뭐? 향기가 없다고? 향기는 그림으로 나타낼 수 없는 것인데 네가 그림을 보고 그것을 어떻게 아느냐?"

"이 그림을 보면 꽃송이와 꽃봉오리가 모두 탐스럽고 고운 빛깔로 그려져 있으나 벌도 나비도 그려져 있지 아니합니다. 아름다운 여자에게 남자들의 마음이 이끌리는 것처럼, 꽃에도 향기가 있으면 벌과 나비들이 좋아서 따

향기 없는 모란꽃 139

를 것이 아니옵니까. 이 그림에는 벌도 나비도 그려져 있지 않으니 꽃은 비록 곱다 하겠으나 향기는 없을 것이옵니다. 향기 없는 꽃이라면 빛과 모양이 곱다 하더라도 꽃 중의 왕은 되지 못할 줄로 아뢰옵니다."

덕만 공주는 향기 없다고 말한 이유를 이렇게 설명하였다. 진평왕은 공주의 슬기로운 대답에 웃음지으며 사람을 시켜 그 꽃씨를 심게 하였다.

이듬해 봄에 꽃씨에서 싹이 나더니 여름이 되자 꽃이 피었다. 흰색, 붉은색, 자주색의 세 가지 빛깔로 그림 속의 꽃송이처럼 탐스럽게 꽃은 피었으나 덕만 공주의 말대로 그 꽃에는 향기가 없었다. 진평왕을 비롯한 여러 사람들은 공주의 슬기로운 판단에 감탄하였다.

 덕만 공주는 어릴 때부터 모든 일을 판단하는 식견이 이와 같이 뛰어났으므로, 632년 정월 진평왕이 돌아가시자 나라 사람들이 받들어 공주를 27대 임금으로 모신 것이다.

 선덕 여왕은 우리 나라 역사상 여자로서 처음 임금이 된 분이며 성조황고(聖祖皇姑)라는 존칭을 받았다.

<삼국유사>

나 왕 대

　월성군 서면 운대리 부운 마을은 아름다운 곳이다. 이 마을에서 동쪽으로 바라보면 유명한 나왕대가 솟아 있다. 나왕대는 군실(裙室) 뒷산에서 북쪽으로 뻗어 내린 산맥의 끝에 솟은 봉우리이다. 높이는 기슭에서 약 50m 정도의 작은 산이나, 그 맵시가 부드럽고 따스해 보이는 곡면으로 솟아 있어 누가 보나 한 번 올라가 보고 싶은 충동을 느끼게 된다.
　봉우리 밑에는 거울을 뉘어 놓은 듯 조용하고 맑은 호수가 있어 나왕대를 꺼꾸로 비추고 있으니 산수의 아름다움을 갖춘 절경인 것이다. 또 서북쪽으로 멀리 웅장하고 험준한 부산(富山) 오로봉(五老峯)이 병풍을 둘러놓은 듯이 바라보이니 부드러운 나왕대와 대조되어 더욱 신비하게 느껴진다. 마을 사람들은 아름답고 신비스런 봉우리 위에다 정자를 지었다.
　27대 선덕 여왕은 자비롭고 슬기롭고 멋을 아는 영특

한 임금이었다. 여왕은 서라벌 서쪽의 한 마을에 아주 아름다운 정자가 있다는 이야기를 듣고는 구경을 나왔다.

 운대리 서쪽 길에 금으로 용을 수놓은 깃발이 펄럭이며 오고 있었다. 그것은 임금의 행차를 알리는 깃발이었다. 갖가지 무기와 깃발을 든 의장대가 앞서고 다음에는 군악을 연주하는 악대가, 그 뒤에 비단으로 천장을 덮고 사방 문에 고운 발을 드리운 수레를 검은 소가 끌고 왔다. 그 수레는 바로 선덕 여왕이 타고 오는 것이었다.
 여왕의 수레 둘레를 색동 치마에 은 요패를 드리운 궁

녀들이 에워싸고, 다시 그 둘레를 무장한 병사들이 호위하고 있었다. 그리고 여러 신하들은 은 날개로 장식한 관을 쓰고 금동으로 된 말 안장에 황금 향엽과 황금 운주를 장식한 말을 타고 수레의 뒤를 따랐다. 행렬은 말할 수 없이 찬란하였다.

임금의 행렬이 마침내 나왕대 밑에 멈추더니 여왕이 수레에서 내려, 걸어서 대에 오르고 있었다. 여왕은 많은 영락이 달린 황금 관을 썼고, 허리에는 황금 과대에 황금 요패를 드리우고 비단 벌레 날개로 수놓은 치마를 입었다. 뒤에는 일산을 든 궁녀와 월산을 든 궁녀가 햇빛을 가리며 여왕을 모시고 조용히 걸어가고 있었다. 여왕은 대 위에 아담하게 자리잡은 정자에 올라서서 아름다운 부운 마을을 내려다보았다.

발 아래 펼쳐진 거울같이 맑은 부운못에는 하늘의 구름이 둥둥 떠 흐르고, 멀리 부운 마을과 사라 마을 저편으로 관산(冠山)이 보랏빛으로 바라보였다.

이때 갑자기 남쪽으로부터 솜같이 흰 구름이 일기 시작하더니 구름은 마을과 못을 덮고 온 뜰마저 덮어 버려, 오직 여왕이 있는 정자만이 하늘에 떠 있는 듯하였다. 용자골로 흘러 들어온 구름이 나는 듯 용바위산을 감고 돌아 마치 용이 날아와 여왕의 왕림을 찬미하는 듯하였다. 부운 마을 사람들과 사라 마을 사람들은 구름 위에 떠 있는 여왕을 바라보고 감격하여 우러러 예배하였다.

　여왕이 수레를 타고 서라벌로 돌아가자 남쪽에 솟아 있는 바람부리봉에서 바람이 일기 시작하더니, 바람은 불어와서 깔렸던 구름을 거두어 사라져 버렸다. 구름이 걷히자 거울 같은 하늘에 반달이 떠 있어 부운못에 비친 나왕대는 더욱 아름답게 보였다.

　선덕 여왕이 다녀간 후로 이 정자를 부운대(浮雲臺)라 하였으니 구름 위에 떠 있던 정자라는 뜻이다. 그후 다시 세월이 흘러 나라가 바뀌니 부운대는 신라 임금이 노닐던 곳이라 하여 나왕대(羅王臺)라 부르게 된 것이라 한다. 지금 정자는 없어지고 그 터만 남아 있지만 부운 마을 사람들은 자기들의 고장을 아끼고 사랑하며 자랑삼는다.

　＊요패 : 신라 사람들은 허리끈에 필요한 물건들을 차고 다녔는데 그것을 요패라 한다.
　금동 : 동판에 금박을 입힌 것.
　향엽 : 말굴레에 장식한 수실의 일종.
　운주 : 말등에 다는 장식인데 이파리가 흔들리도록 되어 있다.
　영락 : 흔들리면서 빛을 내는 장식품.
　과대 : 띠에 장식한 고리.
　일산 : 귀인의 뒤에서 햇빛을 가리는 붉은 양산.
　월산 : 귀인의 뒤에서 햇빛을 가리는 흰빛 양산.

도리천의 왕릉

 선덕 여왕이 왕위에 있던 16년 동안 신라는 백제, 고구려와 쉴 새 없이 전쟁을 해왔다. 여자가 임금으로 있으니 더욱 얕봐 전쟁이 자주 일어났던 것이었다.
 선덕 여왕은 김유신, 알천, 필탄 등 많은 용감한 장수들을 시켜 적에게 점령당했던 성을 되찾기도 하고 또 기회를 보아 적국의 성을 쳐들어가 점령하기도 하였다.
 636년 5월 선덕 여왕이 오랫동안 병상에 누웠다가 자리에서 일어난 지 며칠도 안 되었는데, 궁성 서쪽에 있는 영묘사 옥문못에 개구리와 두꺼비들이 몰려들어 시끄럽게 울고 있다는 보고가 들어왔다. 여왕은 장군 알천과 필탄을 불렀다.
 "지금 영묘사 옥문못에 개구리와 두꺼비들이 몰려들어 시끄럽게 울고 있다 하오. 개구리와 두꺼비 눈은 성난 군사의 눈을 닮았으니, 이 일은 적군의 침입을 알리는 징조인 것 같소. 알천 장군과 필탄 장군은 군사 천 명씩을 거느리고 서쪽 오봉산 옥문골을 에워싸고 공격하시오. 옥문골에 적군들이 숨어 있을 것이오." 하고 명령하였다.

　알천과 필탄 장군은 각각 군사 천 명씩을 거느리고 오봉산 옥문골을 공격해 보니, 과연 백제의 우소라는 장군이 신라의 서울을 치려고 진격하다가 날이 저물어 옥문골에 숨어 있다가 불의의 습격을 받아 거느린 군사를 다 잃고 홀로 바위에서 활을 쏘며 끝까지 싸웠으나 화살이 다 돼 항복하고 말았다.

　선덕 여왕은 이렇게 여자의 몸으로 지혜를 다해 나라를 지켰건만, 647년에는 높은 벼슬에 있는 비담과 영종 등이 여자 임금으로서는 나라를 다스릴 수 없다 하여 명활산성을 점령하고 반란을 일으켰다.

　반란군들이 점령한 명활산성과 임금이 있는 반월성 사이에 치열한 싸움이 벌어졌는데 하늘에서 큰 별똥이 반월성에 떨어졌다. 이때는 별들의 움직임이 나라의 운명에 깊은 관계가 있다고 믿고 있었으므로 백성들 사이에는, 이제 하늘은 여왕을 버리고 반란군들을 돕고 있는 것이라는 소문이 퍼져 나갔다. 이때 김유신은 반월성에서 큰 연을 만들어 가지고 생선 뼛가루로 허수아비를 그려 어두운 밤에 하늘로 날렸다. 생선 뼈는 밤에 보면 푸른 광채가 나 보인다. 그리하여 서울의 많은 사람들이 반월성에서 푸른 불덩어리가 하늘로 올라가는 것을 보게 된 것이다.

도리천의 왕릉 147

 그후부터는 반월성에 떨어졌던 별이 다시 하늘로 올라간 것으로 보아, 하늘은 여왕을 돕고 있다는 소문이 다시 퍼져 백성들이 모두 여왕을 도왔으므로 명활산 반란군들은 할 수 없이 항복하고 말았다.
 여왕은 반란군들을 진압한 후 설날이 되자 신하들을 모아 놓고, 자신은 이 달 8일 죽을 것이니 도리천에 묻어 달라 하였다.
 신하들이 도리천이 어느 곳에 있느냐고 묻자 여왕은 낭산 남쪽 봉우리라고 대답하였다.
 647년 정월 8일 여왕이 세상을 떠나자 유언대로 낭산 남쪽 봉우리 위에 장사지냈다. 그러나 낭산이 어째서 도리천인지 아는 사람은 아무도 없었다.

그런데 여왕이 별세한 지 32년이 지난 후, 문무왕이 당나라 세력을 몰아내기 위해 낭산 기슭에 사천왕사를 지었다. 불경에 말하기를 사천왕 위에 도리천이 있다 하였으니 사람들은 그때서야 낭산 봉우리를 도리천이라 한 까닭을 알았다.

꿈을 산 왕비

　무열왕의 왕비 문명 황후는 김유신의 작은누이로 어릴 때 이름이 문희였다.
　어느 날 큰누이 보희가 선도산 위에서 소변을 보았더니 서울 장안이 모두 물에 잠겨 버리는 무서운 꿈을 꾸었다. 슬기로운 두 눈을 깜박거리며 꿈 이야기를 듣고 있던 동생 문희는 언니에게 그 꿈을 팔라고 하였다.
　"꿈을 어떻게 팔 수 있니? 그 진절머리나는 무서운 꿈이 나는 싫으니 네가 가질 수 있거든 거저 가지렴."
　언니는 대수롭지 않게 대답했다. 그러나 동생 문희는 "거저 가지면 확실히 내 것이 안 되니 언니는 꿈값을 받아야 해요." 하면서 가장 값비싼 비단 치마를 억지로 언니에게 주고 그 꿈을 샀다.
　그후 열흘이 지난 정월 대보름날, 김유신은 친한 벗 김춘추를 초대하여 공치기로 명절을 즐겼다. 그런데 김유신의 발에 밟힌 김춘추의 옷고름이 뚜둑 소리와 함께 떨어지고 말았으니 귀공자의 차림새가 말이 아니었다. 당황한 김유신은 보희를 불러서 귀공자의 옷고름을 달아 드리라고 말했다.

"아무리 귀공자라 하더라도 그분은 외간 남자이온데 다 큰 처녀가 어찌 그 앞으로 나간단 말입니까?" 하며 보희는 오빠를 향해 눈을 흘기고 방안으로 더욱 깊이 숨어 버렸다.

옷고름이 풀어헤쳐진 채 난처하게 서 있는 왕손 김춘추를 보기가 송구스러워 김유신은 다시 둘째동생 문희에게 사정했다. 문희는 사양하지 않고 반짇고리를 두 손에 받쳐 들고 사뿐사뿐 걸어나와 귀공자 앞에 섰다.

절세의 미남으로 이름 높던 김춘추, 그 씩씩하고 늠름한 젊은이 앞에 옷고름을 달아 주는 문희도 아름답고 슬기로운 처녀였다. 비단 고름을 손에 들고 옷섶에 댈 때 가냘픈 손끝에서는 바늘마저도 오들오들 떨고 있었다. 바늘귀 따라 가는 실이 뽑혀 나올 때 새빨개진 얼굴이 행여 보일까, 문희는 고개를 옆으로 돌렸다.

시선을 돌리고 서로가 외면하고 서 있었지만 호기심에 살짝 훔쳐본다는 것이 그만 두 눈이 딱 마주쳤다. 순간 두 사람은 생긋 웃어 보였으니, 이러한 인연으로 두 사람 사이에는 사랑이 싹터 김춘추는 그후로부터 김유신 집에 자주 드나들게 되었으며 문희는 아기를 잉태하게 되었던 것이다.

꿈을 산 왕비 151

  당시 신라의 풍습은 부모의 승낙 없이 아기를 배게 되면 화형을 받아야만 했다. 자신의 잘못으로 동생이 죽어야 한다고 생각하는 김유신의 고민은 컸다.
  어느 날 김유신은 선덕 여왕이 서남산 어느 절로 행차하는 기회를 타서 재매정 뒤뜰에 장작더미를 쌓아 놓고 기다리고 있다가, 여왕의 행차가 집 앞을 지나갈 때 장작더미에 불을 질렀다. 불꽃이 튀며 시커먼 연기가 재매정 뒤뜰에서 솟아오르자 여왕은 깜짝 놀라 저게 무슨 불이냐고 측근에게 물었다.
  "김유신의 누이가 부모의 승낙 없이 잉태하였기 때문

에 화형하는 불이랍니다."

곁에서 모시고 있던 신하가 아뢰었다.

"김유신의 누이가? 그러면 누구와의 사이에……?"
하며 크게 노하여 주위를 돌아보았다. 이때 김춘추가 얼굴이 새빨개진 채 여왕 앞에 엎드렸다.

"무얼 하고 있느냐? 빨리 가서 화형을 중지하고 죄를 용서하라 일러라."

김춘추는 즉시 말을 달려 여왕의 명령을 전하고 문희의 생명을 구하였다. 두 사람은 마침내 정식으로 결혼하여 부부가 되었다.

그후 김춘추가 29대 왕으로 왕위에 오르게 되자 문희는 왕비 문명 황후가 되었다. 문명 황후는 문무왕이 된 대학자 김법민과, 외교관이자 대장군이던 김인문을 비롯 여섯 아들을 낳았는데, 모두 통일 성업 완수에 공헌한 위대한 일꾼들이었다. 훌륭한 자식들의 어머니가 되는 일은 신라 여성들이 동경하는 최고의 이상이었다.

<삼국유사>

처 용 랑

9세기말경 서라벌에는 집집마다 대문에 처용(處容)의 얼굴을 그려 붙이는 풍속이 있었다.

여러 가지 병을 가져다가 앓게 하는 병 귀신은 처용을 두려워한다. 처용의 얼굴이 대문에 붙어 있으면 귀신이 들어오지 못하므로 그 집안은 일년 내내 건강하게 웃으면서 살 수 있다고 믿었기 때문이었다.

49대 헌강왕은 놀기를 즐겨 하여 여러 곳으로 놀러 다녔다. 하루는 신하들과 같이 개운포로 갔다. 개운포는 지금 울산 세죽이라는 포구인데, 이곳은 깊은 산골짜기로 바다가 들어와 있기 때문에 바닷물이 강물처럼 보인다.

바다 가운데 큰 배가 떠가는 것처럼 보이는 바위섬이 있는데 마을에서는 지금도 그것을 처용 바위라 부르고 있다. 헌강왕은 그 바위섬에서 놀고 있었다. 악사들에게는 노래를, 궁녀들에게는 춤을 추게 하며 섬이 떠나가라 하고 놀다가 돌아가려 하는데 갑자기 안개가 일면서 사방을 분간할 수 없게 되었다. 임금은 길을 찾지 못하여 떠날 수 없게 되었으므로 일관을 불러 물었다.

"갑자기 안개가 끼어 길을 알 수 없으니 웬일인고?"

일관이 점을 쳐보고 대답하였다.

"이 안개는 동해의 용왕이 조화를 부리고 있는 것이오니 용왕을 위하여 좋은 일을 해주어야 되겠습니다."

왕은 건축을 관장하고 있는 관리를 불러서 동해의 용왕을 위하여 이 부근에 좋은 자리를 택하여 절을 지으라고 명령하였다. 명령이 떨어지자마자 자욱하던 안개가 말끔히 갰다. 이곳을 개운포라 부르는 것은 이때부터라 한다.

안개가 말끔히 개자 바다에서 풍악 소리가 들려 오더니 용궁의 선녀들이 바다 위에서 춤을 추었다. 또 이어 오색 구름이 일더니 동해 용왕의 수레가 바다 위로 떠서 오는데, 그 행렬이 찬란하여 눈부셨다. 수레 뒤에는 용왕의 일곱 아들들이 따르고 있었다.

용왕의 수레가 섬에 이르자 용왕은 수레에서 내려 임금에게 인사드렸다.

"나를 위해 절을 지어 주신다 하오니 그 은혜 크시옵니다. 나한테 아들 일곱이 있는데, 그 중에서 처용이란 아이를 임금님께 맡기어 임금님을 도와 드리게 할 생각이오니 임금님께서 맡아서 일을 시켜 주시오면 영광스럽겠습니다."

임금은 "용왕께서 아드님을 보내시어 우리 나라를 돕게 해주신다니 감사합니다. 반가이 맞아 일을 맡기겠습니다." 하고 승낙하였다.

헌강왕은 대궐에 돌아와서 처용에게 급간(級干)이라는 벼슬을 주고 일을 맡겼는데 무슨 일이나 지혜롭게 잘 처리하였다.

헌강왕은 그것을 가상히 여겨 서라벌의 아름다운 아가씨를 골라서 아내로 삼게 하여 서라벌에 마음 붙이고 살도록 했다. 처용은 아내를 사랑하고 가정에 충실했으므로 여러 사람들이 칭찬하고 부러워했다.

또 처용은 화랑들과 어울려 무예도 닦고 공부도 열심히 하였고 유쾌하게 놀기도 잘했으므로 많은 젊은이들이 처용을 좋아했다.

그러나 신라의 젊은이들이 다 그랬듯이 처용도 집에 있는 시간보다 벗들과 어울려 사귀는 시간이 더 많았다.

어느 해 가을, 달 밝은 밤이었다. 처용은 풍류를 즐기는 벗들과 산으로, 들로, 내로, 호수로 다니며 달을 찬미하고 놀았다.

우리 나라의 하늘은 세계에서 가장 맑기로 유명하다.

하늘이 맑기에 달빛이 가장 밝게 비친다. 그 때문에 우리 조상들은 달을 무한히 사랑하였던 것이다.

처용은 벗들과 어울려 밤새는 줄 모르고 달을 즐겼다.

개울가에 뒹굴면서 물결에 부서지는 달빛도 보고, 송화
산 위에 올라 솔가지 사이로 쏟아지는 달빛을 보기도 했
다. 또 날아가는 기러기들도 내려서 쉬어 간다는 금장대
에 올라 호수에 일렁이는 달을 보기도 했다.
 금장대 위에는 임금이 행차하여 노니는 정자가 있고
또 아담한 암자도 있었다. 달밤에 울리는 풍경 소리는
더욱 맑고 그윽한 듯하였다.
 처용은 여러 벗들과 달을 찬미하며 이곳저곳 다니면서
흥겹게 놀다가 새벽녘에야 집으로 돌아왔다.
 처용이 대문에 들어서자 이상한 예감이 들었다. 그전
같으면 일어나서 문을 열어 주어야 할 아내가 나오지 않
는 것이었다. 그러나 밤이 많이 깊었으니 그럴 수도 있
겠지 하고 방문을 열었던 처용은 얼른 문을 닫아 버리고
돌아섰다. 방안에 다른 남자가 누워 있는 것이 보였기
때문이었다.
 처용은 떨리는 손으로 칼자루를 잡았다. 그리고 이를
갈았다. 아내를 빼앗은 원수를 죽여야 한다고 생각한 처
용은 칼을 뽑아 들었다. 새파란 칼날이 부르르 떨었다.
처용은 발짝 소리를 죽이고 다시 방문 앞에 가서 문고리
를 잡았다. 문고리를 잡으면서 또 다른 생각을 해본다.
 '저놈을 죽인들 나에게 무슨 소득이 있을까? 아내의
마음은 이미 다른 곳으로 가버렸는데 사람을 죽이고 아
내를 찾으면 무얼 한단 말인가. 에라, 이왕 이렇게 되었

으니 내버려두고 나는 또 내 길을 마련하자.'

처용은 들었던 칼을 도로 칼집에 넣고 대문 밖으로 나와서 노래부르며 춤을 추었다.

처용이 한참 동안 노래를 부르고 춤을 추는데 추악하게 생긴 귀신이 처용 앞에 엎드려 빌고 있었다.

"낭이시여, 저는 무서운 병을 몰고 다니는 역신입니다. 제가 낭의 아내를 빼앗았는데도 낭께서는 노여움을 나타내지 않고 도리어 노래하고 춤추시니 두렵고 감동되어 우러러 칭송합니다. 이후로는 낭의 얼굴을 그려 놓은 것만 보아도 그 문 안으로는 절대로 들어가지 아니하겠습니다." 하고 사라져 버렸다.

그후부터 서라벌에는 집집마다 대문에 처용의 얼굴을 그려 붙이는 풍습이 생긴 것이다.

지금 개운포가 보이는 산 위에 망해사(望海寺)라는 절이 있는데, 이 절은 헌강왕이 동해의 용왕을 위해 지은 절로서 신방사(新房寺)라 부르기도 한다.

<삼국유사>

옥 골

　경주시 인왕동 지금 경주 박물관 남쪽에 옥골이라는 큰 웅덩이가 있다. 이 웅덩이는 반월성을 쌓을 때 흙을 파낸 곳이라 하기도 하고, 죄지은 사람들을 가두어 두는 감옥이 있던 곳이라고도 하는데 확실한 것은 잘 모르고 있다.
　옛날 신라 때 일이었다. 밤이 되면 이 웅덩이에는 도깨비들이 모여서 노래하고 춤추며 떠들고 놀다가 새벽이 되어 닭이 울어야 돌아갔다.
　우리 나라에는 도깨비 이야기가 많다. 어떤 나그네가 밤길을 가는데, 전봇대만큼이나 키 큰 사람이 씨름을 하자기에 나그네가 힘껏 들어서 땅에 동댕이쳤는데 알고 보니 그것은 지겟작대기였더라 한다. 혹은 쓰다 버린 비나 솥뚜껑이었다는 이야기들도 있다.
　다른 나라에는 원통하게 죽은 사람이 원한을 풀기 위해 나타난다는 귀신이나 유령 이야기가 많은데, 우리 나라에서는 사람이 자주 만지는 손때 묻은 물건이 사람의 형상으로 나타나서 이야기를 걸고 장난을 걸어 오는 형상을 도깨비라 하였다.

다른 나라의 귀신이나 유령과 달라서 도깨비들은 놀기를 좋아하고 장난을 즐긴다. 가끔 사람들을 속여 골탕을 먹이기도 하고 또 사람들에게 속아서 골탕을 먹기도 잘한다. 목청 좋은 노랫소리가 혹에서 나온다 하여 금은 보배를 주고 혹을 사갈 만큼 어리석기도 한 도깨비들이다.

옛날 우리 할아버지들이 즐겨 입던 흰옷처럼 도깨비들은 음산하지 않고 언제나 명랑하고 밝다. 그래서 노래하고 춤추며 놀기를 좋아한다. 밤만 되면 수많은 도깨비들이 옥골 웅덩이에 모여 노래하고 춤을 추며 노는데, 그 소리가 어찌나 시끄러웠던지 마을의 노인들은 잠을 이룰 수가 없었다.

그러나 도깨비들이 하는 일이라 사람의 힘으로는 어떻게 할 도리가 없었다. 하루 이틀도 아니고 일 년 내내 도깨비들 때문에 할아버지들과 할머니들이 잠 못 이루고 괴로워하는 것을 딱하게 생각한 이 마을 젊은이들이 모여서 의논하였다. 젊은이들은 도깨비들이 모이기 전에 옥골 웅덩이를 점령해 버리자는 데 의견을 모았다.

마을 젊은이들은 징, 북, 꽹과리, 퉁소, 장구 등 악기를 둘러메고 어둡기 전에 옥골에 모였다. 도깨비들이 모

옥 골 161

일 때쯤 되어 마을 젊은이들은 일제히 놀기 시작했다. "쾌괭 쾌괭 쿵쿵쿵, 뚱딱구 뚱딱구 뚱딱구 쾌괭쾡, 닐리리 닐리리……" 뛰다가 앉다가 서기도 하면서 장단에 맞추어 신나게 놀고 있었다.

밤이 으슥으슥 어두워지자 도깨비들이 모여들었다. 그런데 자기들이 신나게 놀고 있던 자리에서 마을 젊은이들이 놀고 있지 않은가? 도깨비들은 어깨를 으쓱으쓱 하면서 젊은이들이 노는 모양을 구경하고 있다가, 자기네들이 놀던 자리를 빼앗겼으니 다른 곳으로 가자고 하며 어디론지 가버렸다.

그후 도깨비들은 다시 오지 않았으므로 할아버지와 할머니들은 조용히 잠잘 수 있었다. 또 도깨비들이 다시 올까 봐 마을 젊은이들은 한 달에 한 번씩 이 웅덩이에 모여 신나게 놀았다.

그리고 옥골 웅덩이를 메워 버리면 마을 젊은이들의 기상이 꺾이니 잘 보존해 두어야 한다는 동네 노인들의 말에 따라 그 웅덩이를 잘 보존하였으므로 이 웅덩이는 지금까지도 남아 있다.

<경주 전설>

* "경주 전설"은 일본 사람 오사카 긴타로가 지은 책이다.

제 5 부

일월과 산천

남산과 망산
연오랑과 세오녀
선도 성모
서출지
형제산
비장산과 원광 법사
성부산
일천 바위
장구 터
열반골
봉황대
알천과 원성왕
알천의 물싸움
아기봉
봉덕못

남산과 망산

아주 오랜 옛날 일이다. 서라벌은 동방에서도 아침 해가 맨 먼저 비치는 복된 땅이었다. 찬란한 아침 해가 눈부시게 계림을 비추어 주는 것도 아름답지만, 서수리산 너머로 붉게 물들며 지는 석양의 모습 또한 매우 아름다웠다.

산도 물도 들도 복된 웃음으로 차 있는 평화로운 고장이었던 것이다. 이렇게 평화로운 곳을 두 신이 찾아왔다. 검붉은 얼굴에 강한 근육이 울퉁불퉁한 남자 신과 둥근 얼굴에 샛별 같은 눈동자가 반짝이는 여자 신이었다.

두 신이 아름답고 기름진 이곳의 경치를 둘러보다가 남자 신이 입을 열어 외쳤다.

"야! 우리가 살 곳은 이곳이구나!"

이 소리는 우레처럼 들판을 진동하고 울려 퍼졌다. 이 때 강가에서 빨래하던 한 처녀가 신들이 외치는 우레 같

은 소리에 놀라 소리나는 곳을 바라보았다.

 앗! 거기에는 산과 같이 거대한 두 남녀가 자기 쪽으로 발을 옮겨 걸어오고 있는 것이 아닌가.

 겁에 질린 처녀는 "산 봐라. 사람 살려." 하고 힘을 다하여 외마디 소리를 지르고는 그만 정신을 잃고 쓰러져 버렸다.

 '산과 같은 사람 봐라.' 해야 할 것을 너무 급하여 그만 '산 봐라.' 하고 외쳤던 것이다.

 발 아래서 들려 오는 비명에 신들은 발을 멈추었다. 그랬다가 다시 발을 옮기려 했으나 옮겨지지 않았다. 신들은 각각 그 자리에 산으로 변해서 솟아 있었다. 처녀가 힘을 다해 외친 대로 그 자리에서 산이 되었던 것이다. 그래서 자기들의 소원대로 아름답고 기름진 벌판을 안고 긴 세월을 살아온 것이다.

　여자 신은 남산 서쪽에 솟아 있는 부드럽고 포근하게 생긴 망산(望山)이 되고, 남자 신은 검붉은 빛깔로 울퉁불퉁 강하게 생긴 바위로 된 등성이들이 모여 이루어진 남산(南山)이 된 것이다. 한 쌍의 신이 변해 이루어졌다는 남산은 늙은 산인 데 비해 망산은 아직도 정정한 푸른 산이다. 망산 곁에는 젊고 푸른 산으로 벽도산과 선도산 등이 있다.

　이 산들은 젊음을 힘으로 해서 얌전한 망산을 쉴 새 없이 유혹한다. 그래도 망산의 머리는 언제나 남산 쪽으로 향하고 있어, 딸을 둔 부모들은 '망산의 절개가 변치 않는 한 서라벌 처녀들의 순결도 변치 않는다.'고 생각하며 망산을 바라보면서 한시름 덜고 살아오는 것이라 한다.

　그후 남산은 하늘 위의 부처님들이 내려와서 거처하는 성산으로 신앙되어 많은 절이 세워지고 바위마다 부처가 새겨지고 봉우리마다 탑이 서게 되었으니, 현재까지 발견된 절터가 110곳이나 되고 불상 78개, 석탑 62개 등 많은 유적과 유물을 남기고 있다.

　망산은 어머니들이 전쟁터로 나가는 남편과 자식들을

전송하기도 하고 무운을 빌기도 하던 산으로서, 지금도 오래 가물 때에는 이 산 위에서 기우제를 지낸다. 기우제란 오랫동안 가뭄이 들 때 하늘을 향해 비를 내려 달라고 지내는 제사를 말한다.

<경주시지>

연오랑과 세오녀

 지금부터 1천 8백여 년 전 신라 8대 임금인 아달라 이사금 때 일이었다.
 동해 바닷가에 연오랑과 세오녀라는 젊은 부부가 살고 있었다. 가위로 도려낸 듯 굽이쳐 간 끝없는 달걀빛 모래밭 위로 쉴 새 없이 하얀 파도가 밀려오는 곳에 옹기종기 모여 앉은 집들이 마을을 이루고 있는데, 그 중에서도 제일 작은 집이 연오와 세오가 사는 집이었다.
 찬란한 해님과 은은한 달님을 신으로 섬기면서 마을 사람들은 고기도 잡고 조개도 줍고 미역도 뜯으면서 서로 힘을 모아 평화롭게 살고 있었다.
 연오와 세오가 언제부터 이 마을에 살고 있었는지는 몰라도 남들이 부러워할 만큼 정답게 살았다. 연오는 바다에 나가 고기를 잡고 세오는 집안일을 하는 틈틈이 길쌈을 하여 베를 짜는 것이 날마다 하는 일과였다.
 오막살이집에서 가난하게 살망정 남자는 씩씩하며 언

제나 유쾌하였고 여자는 조용하고 항상 너그러웠다. 마을 사람들은 은연중에 마음속으로 두 사람을 흠모하고 있었다.

어느 날 아침 세오가 부엌에서 아침 식사 준비를 하고 있는 동안 연오는 바닷가로 미역을 뜯으러 나갔다. 한 손에 망태를, 다른 한 손에는 갈고랑이를 들고 이 바위에서 저 바위로 발을 옮기며 물 속의 미역을 뜯었다. 앞에 있는 자그마한 바위 밑에는 폭이 넓고 키 큰 미역들이 바람이 부는 숲속처럼 무성하게 흔들리고 있었다.

연오랑이 작은 바위에 뛰어올랐을 때 바위와 모래밭이 분홍빛으로 물들며 수평선에서 둥근 해가 솟아오르기 시작하였다. 잔잔히 흔들리는 물결 위에는 수평선까지 금빛 다리가 놓여진 듯 눈부시게 찬란하다.

오! 장엄한 해님! 연오는 일손을 잠시 멈추고 찬란하게 솟아오르는 해님을 맞이하였다. 이때였다. 이상하게도 연오랑이 딛고 서 있는 바위가 꿈틀하고 움직이더니, 바위는 연오를 실은 채 둥실둥실 해 뜨는 쪽으로 떠가고 있었다.

세오녀는 집에서 아침상을 차려 놓고 남편 연오가 돌아오기만 기다리고 있었다.

그러나 연오는 얼른 돌아오지 아니했다. 세오는 이상히 여겨 찾아 나섰다. 모래펄에 연오가 밟고 간 발자국은 있는데 연오의 모습은 보이지 않았다. 소리 높여 불

러 봤으나 대답은 들려 오지 않았다.

　불길한 생각이 앞서 세오는 이 바위 저 바위로 돌아 다니며 임을 찾아 불렀다. 언뜻 눈에 띈 것은 바위 위에 나란히 놓여 있는 신이었다. 틀림없이 정든 임이 신고 다니던 신이었다. 그렇다면 저 바위로 뛰어 건너다가 물 속에 빠진 것이 아닐까 하여 물 속을 살펴보다가 세오녀도 신을 벗어 놓고 힘껏 뛰어 저편 바위에 올랐다.

　세오녀가 바위에 오르자 이상하게 그 바위도 움직이기 시작하더니 둥실둥실 동쪽으로 떠가는 것이었다.

　이렇게 되어 신라의 동해안에 살던 정다운 부부 연오

랑과 세오녀는 신라땅에 신고 있던 신만 나란히 벗어 놓고 동쪽으로 동쪽으로 흘러갔던 것이다. 연오랑을 실은 바위가 흘러흘러 다다른 곳이 일본 서쪽 해안이었다.

이때 일본 사람들은 나라를 이루지 못했으므로 이웃끼리 싸움만 하고 평화롭지 못했다. 그들을 잘 다스려 줄 왕이 없었기 때문이었다. 힘센 사람이 마음대로 행패를 부리는 불안 속에서 살던 일본 사람들은, 서쪽 나라에서 바위를 타고 온 귀한 손님을 두렵게 여겨 엎드려 절하며 자기네들의 왕이 되어 줄 것을 간절히 청하였다.

그리하여 연오랑은 각 마을의 대표들을 뽑아 신하로 삼고 왕위에 올랐다. 얼마 후에 신하들이 달려와 서쪽에서 바위를 타고 한 여자가 오고 있다고 왕에게 아뢰었다. 왕이 나가 보니 뜻밖에도 그녀는 세오녀였다. 그리하여 세오녀는 그 나라의 왕비가 되었다.

신라에서 온 이들 부부가 일본을 다스리게 되자 일본은 평화롭고 광명에 찬 나라가 되었으나, 신라에는 반대로 무서운 어두움이 덮쳐 왔다. 연오랑과 세오녀가 떠난 날부터 해도 뜨지 않고 달도 뜨지 않았다. 밝음이 없어지니 귀신들과 도깨비들이 날뛰고 도둑이 들끓었다. 밝음을 숭상하던 백성들은 두려움과 슬픔 속에서 떨고 있었다.

아달라 이사금은 나랏일을 점치는 일관을 불러 어찌된 까닭이냐고 물었다.

"이는 해의 정기와 달의 정기가 지금까지는 우리 나라 동해안에 살고 있었는데 이제 그 두 분이 다 일본으로 가버렸습니다. 그 때문에 이러한 괴변이 생긴 것이옵니다." 하고 일관이 아뢰었다.

아달라 이사금은 곧 사신을 일본으로 보내어 연오랑과 세오녀에게 다시 신라로 돌아와 줄 것을 청했다.

"내가 이 나라로 온 것은 하늘이 시킨 일인 까닭에 내 마음대로 할 수 없습니다. 여기 내 아내가 짠 비단이 있으니 이것으로 하늘에 제사를 드리오면 해와 달이 다시 나타날 것입니다." 하고 연오랑은 대답하며 사신에게 비단을 주어 돌려보냈다.

사신이 돌아와서 비단을 바치자, 아달라 이사금은 동해 바닷가에 제단을 차려 그 비단을 올리고 하늘에 정성으로 제사를 드렸다.

그제서야 동해에 붉은 해가 솟아오르고 밤에는 둥근 달이 떠올랐다. 이렇게 세오녀가 정성으로 짠 비단의 힘으로 신라에서는 다시 광명을 찾아 복된 생활을 누리게 되었다.

새로운 광명을 맞이한 감격스러운 날을 기념하여 동해의 벌판을 영일(迎日)이라 부르고, 비단을 올리고 기도드리던 곳을 도기야라 불렀으니 오늘날 영일군 오천면 도구동이 그곳이다.

아달라 이사금은 귀빈고라는 창고를 새로 짓고 광명을

찾게 한 영검 있는 비단을 보관하였다.

　옛날 어머니들은 정성을 다하여 비단을 짰으므로 정성을 드린 곳에는 반드시 신을 감동시키는 힘이 있는 것이라 믿고 있었던 것이다.

　귀빈고는 그후 없어지고 그 자리는 일월지(日月池)라는 큰 못이 되었는데, 지금도 마을 사람들은 오래 가물거나 몹쓸 병이 유행될 때에는 일월지에 제사를 드리고 있다.

＜삼국유사＞

선도 성모

　선도산(높이 380m)은 서라벌의 서쪽을 지키는 성산으로 선도 성모가 있었다는 산이다.
　옛날 아직 신라가 건국되기 전 중국 왕실에 사소라는 공주가 있었는데, 공주는 바다를 건너 진한땅에 와서 본국으로 돌아가지 않았다.
　아버지인 중국 황제는 공주에게 편지를 써서 소리개의 발에 묶어 동쪽으로 날려 보냈다. 소리개는 구름 위로 날아서 넓은 바다를 지나 진한땅을 찾아와 사소 공주의 창문 앞에 앉았다. 공주는 아버지가 보낸 편지임을 알고 소리개의 발에서 편지를 풀어서 읽어 봤다.
　"사랑하는 사소야, 이 소리개가 앉는 곳에서 살아라. 아버지." 이렇게 적혀 있었다. 사소는 절하고 소리개를 날렸다. 소리개는 곧바로 서쪽으로 날아가더니 선도산 위에 앉았다.
　사소 공주는 아버지의 분부에 따라 선도산에서 살다가

마침내 그 산의 지신(地神)이 되었다. 사소 공주는 지신이 되어 신라를 지키는 데 영검이 많았으므로 나라에서 해마다 제사를 드렸다. 사소 공주는 선도산에 계신 지신이라 하여 선도 성모(仙桃聖母)라 불리게 되었고 소리개가 앉았다 하여 선도산을 서연산(西鳶山)이라 부르기도 한다.

제54대 경명왕은 매사냥을 즐겨 하였다. 어느 날 선도산에서 매사냥을 하다가 매를 잃었다. 사람들을 시켜 골짜기마다 찾았으나 매는 나타나지 않았다. 왕은 할 수 없이 성모사에 빌었다. 만약 매를 찾게 해준다면 벼슬을 높여 주겠다고 하였더니 매가 날아와서 상 위에 앉았다.
　경명왕은 선도 성모에게 대왕(大王)을 봉해 선도 대왕이라 하였다.
　또 26대 진평왕 때 안흥사라는 절에 지혜라 불리는 여승이 있었는데 그는 성심으로 부처를 섬기고 남을 위해 정성을 아끼지 않았다.
　법당이 낡아서 새로 수리하려고 애썼으나 힘이 모자랐다. 어떠한 방도가 없을까 하여 궁리하고 있는데 머리를 구슬로 장식한 예쁘고 고상한 여자가 와서 말했다.
　"나는 선도산에 사는 성모인데 네가 법당을 수리하려고 애쓰는 것을 기특하게 여겨 찾아왔다. 내가 서 있는 자리 밑을 파보면 황금 열 근이 묻혀 있을 것이다. 그것을 파내어 법당을 수리하고, 부처님과 양쪽 보살상에 금을 입히고 벽에는 약왕, 약상 두 보살경에 나타나는 오십삼 불을 그려라. 또 여섯 성자들과 천신을 그려서 모시고 신라 오악신상(五岳神像)을 만들어 세우라. 그리고 해마다 봄과 가을 두 계절의 10일이 되면 남녀 신도들을 많이 모아 부처님의 말씀을 알기 쉽게 가르치는 점찰법회를 베풀도록 하여라."
　지혜 비구니가 감격하여 절하고 나니 그것은 한 순간의 꿈이었다. 그러나 그 꿈이 너무도 신비하여 성모사에 가서 성모상의 발 밑을 파보았다. 놀랍게도 그곳에는 성모의 말씀대로 황금 열 근이 묻혀 있었다.

지혜 비구니가 성모의 말씀대로 절을 수리하고 오십삼 불과 여섯 성자상과 천신과 산신들을 모시니 안흥사는 큰 절이 되었다.

　선도산의 선도 성모는 신라를 지키는 지신으로 신앙되었을 뿐 아니라 불교도 이끌었고, 또 신라의 첫 임금이신 박혁거세 거서간의 어머니로 신앙되기도 하였다는 말도 있다.

　지금도 선도산 위에는 성모사가 있는데 해마다 신도들이 모여 크게 제사를 드리고 있다.

<삼국유사>

서 출 지

    경주시 남산동 일대는 옛 서울의 교외로서 소풍객들이 즐겨 노닐던 곳이다. 이곳은 남산의 험준한 봉우리들을 배경으로 펼쳐진 벌판 여러 곳에 푸른 호수가 있는 것이 특색이다.
    그 중 철과골 앞 마을에 있는 큰 연못은 서출지(書出池)라 불리는 유서 깊은 곳이다. 연못 가에는 이요당이라는 정자가 물 속에서 솟아나온 듯한 돌기둥 위에 서 있다. 반은 땅 위에 있고 반은 물 위에 있는 정(丁) 자 모양으로 된 정자, 둥글둥글 떠 있는 연잎 사이로 날개를 편 듯한 기와 지붕 추녀가 물 속에 거꾸로 비쳐 어른거리는 것도 운치가 있지만, 여름이면 못 둑에 해묵은 백일홍이 꽃을 피울 때 진분홍 꽃구름이 웃음짓는 정경도 장관이 아닐 수 없다.
    이 연못은 경치도 좋지만 전해 오는 이야기로 더욱 유명하다. 488년 신라 21대 소지왕이 신하들과 더불어 천

천정에 행차하였을 때 까마귀와 쥐가 와서 울어대며 사람처럼 말을 했다.

이상히 여긴 임금은 장사 한 사람을 시켜서 까마귀를 따라가게 했다. 장사는 까마귀를 따라서 피촌(또는 양피촌) 못 가에까지 왔는데, 그곳에선 두 마리의 돼지가 무섭게 싸우고 있었다. 장사는 그만 돼지 싸움을 구경하느라 까마귀가 간 곳을 놓쳐 버렸다.

임금의 명령을 거역한 장사는 당황하여 이 못 가를 돌고 돌며 까마귀가 간 곳을 어떻게 찾을까 궁리하고 있었다. 이때 못에 크게 물결이 일더니 못 속에서 한 노인이 나타났다. 노인은 장사를 불러 봉투에 든 글을 주면서,

그것을 임금에게 전하라 하고는 다시 물 속으로 사라져 버렸다.

장사가 돌아와서 임금에게 그것을 바치니 봉투에는, '열어 보면 두 사람이 죽고 열어 보지 아니하면 한 사람이 죽는다.'라고 씌어 있었다.

소지왕은 두 사람이 죽는 것보다는 한 사람이 죽는 것이 나은 일이라고 생각하여 열어 보지 않기로 하였다. 이때 나랏일을 예언하는 일관이 아뢰었다.

"한 사람이라 함은 임금님이옵고, 두 사람이라 함은 평민을 가리키는 것이오니 열어 보시는 것이 옳을 줄 압니다."

여러 신하들도 일관의 말이 옳다 하고 열어 보기를 간했으므로 왕도 그럴듯하여 봉투를 열어 보았다.

봉투 속에는 '사금갑(射琴匣)'이라 씌어 있었다. 거문고가 들어 있는 상자를 활로 쏘라는 뜻이다.

왕은 급히 대궐로 돌아와서 왕비의 침실에 세워 놓은 거문고가 든 상자를 겨누어 화살을 날렸다. 쿵! 화살이 금갑에 박히자 금갑 속에서는 끔찍스럽게 붉은 피가 흘러 나왔다. 왕실 내전에서 불공을 보살피던 중이 왕비와 통하고는 임금이 나간 뒤에 금갑 속에 숨어 있다가 왕을 해치려고 하였던 것이다.

이렇게 되어 왕비가 사형당하니 두 사람은 죽고 왕은 위기를 면해 살게 되었다. 이날이 바로 정월 보름날이었다. 임금은 이날을 기념하여 오기일(烏忌日)로 정하고 집집마다 오곡밥을 지어 제사를 지내게 하였으며, 오곡밥을 조금씩 떠서 담 위에 얹어 까마귀와 까치를 위하게 했다.

그리고 그후부터 우리 나라 사람들은 매달 첫 돼지날과 첫 쥐날에 모든 일을 조심하고 어디로 나가는 것을 삼가하는 풍습이 생겼다 한다.

이 못은 그후부터 서출지라 불리게 되었다. 그러나 마을 노인들의 말에 의하면 원래 서출지는 이곳에서 약 400m 남쪽에 있는 탑마을에 있는 양기못이라 한다.

<삼국유사>

형 제 산

경주의 서쪽으로 흘러 동해로 들어가는 강물을 경주에서는 서천이라 부르고 있는데 이 강물의 하류인 영일만 부근에서는 형산강이라 부르고 있다. 이곳은 포항 부근에 남북으로 마주 솟아 있는 형산과 제산 사이의 아주 좁은 골짜기로 간신히 흘러 나와 바다로 들어간다는 데서 붙여진 이름이다.

형산과 제산은 원래 한 산맥으로 연결된 산이었다. 이 산들이 하나로 연결되어 있었던 옛날에는 경주의 서천이 바다로 들어가지 못하고 육지에 있었으니 지금의 안강평야는 큰 호수였던 것이다.

한눈엔 다 바라볼 수 없는 넓은 옥토가 물 속에 잠겨 있었으니 그것만 하여도 신라 백성들에게는 큰 손실이었는데, 이 호수에서 증발되는 수증기가 그 부근의 넓은 들 위에 퍼져서 햇빛을 가리므로 농사가 제대로 되지 않았다.

이에 신라의 마지막 임금인 경순왕은 이를 딱하게 여겨 죽어서라도 이 못을 없애 버려 백성들이 안심하고 농사를 지을 수 있게 하리라고 결심하였다.

이즈음 신라는 국운이 다하여 경순왕은 나라를 고려에 넘기고 고려의 서울인 송도에서 살다가 978년에 세상을 떠났다.

그후 어느 날 안개가 몽롱하게 끼어 있는 안강 호수가로 머리에 짐을 인 한 어머니가 어린 아들의 손을 잡고 지나가다가 길 옆에 큰 구렁이가 엎드려 있는 것을 보았다.

어머니는 놀라서 아들의 손을 끌어당겼다.

"얘야, 빨리 가자. 구렁이한테 물릴라."

그러나 어린 아들은 놀라는 기색도 없이 대꾸했다.

"어머니, 저것은 구렁이가 아니고 용이어요. 머리에 뿔이 있지 않아요? 이제 용이 조화를 부릴 것이니 저 산 위에 올라가 구경합시다."

그러고는 어머니의 손목을 끌고 산으로 올라갔다.

이때 호수에서 짙은 안개가 일더니 용이 하늘로 떴다. 두 눈에서는 번갯불이 번쩍번쩍 안개를 뚫고 빛났다. 우레와 같은 소리는 천지를 뒤흔들듯이 소란했다. 이윽고 용은 검은 구름을 몰고 호수를 한바퀴 돌아본 후 호수 위에 엎드리더니 가시 돋친 꼬리를 위로 치켜 들었다. 그 순간 용의 꼬리는 무서운 소리를 내면서 강물을 막고

있는 산맥을 내리쳤다.

 바위와 흙은 화산이 터지는 듯 하늘로 치솟았고 호수의 물은 흙탕물이 되어 끊어진 산맥 틈으로 소리지르며 흘러내려 바다로 밀려드니, 그 요란스러움은 세상이 다시 창조되는 것 같았다.

 얼마 후 용은 하늘로 올라가 버리고 안개가 걷히니 세상은 언제 그런 일이 있었더냐는 듯이 조용해졌다.

 안강 호수에 괴었던 물이 동해로 흘러 다 빠져 버리자 안강 호수는 넓은 옥토가 펼쳐진 안강 평야가 되었으며, 경주의 서천 강물은 평야의 가운데를 지나 끊어진 산맥 사이로 조용히 흘러내렸다. 그리고 원래 하나로 연결되었던 산맥이 두 쪽으로 갈라져서 두 봉우리의 산이 되었다. 사람들은 남쪽의 큰 봉우리를 형산이라 하고 북쪽의 작은 봉우리를 제산이라 불렀다.

안강 평야의 넓은 옥토는 농사를 짓는 터전이 되고 형산강으로는 고깃배가 드나들게 되었으니 이곳은 참으로 살기 좋은 터전으로 변했다. 이 일은 백성을 사랑하던 경순왕이 세상을 떠난 후 용이 되어 백성들의 소원을 풀어 준 것이라고 하여 이곳 사람들은 경순왕을 우러러 추앙하여 왔다.

<경주시지>

＊문무왕 때에 벌써 형산 위에는 이곳으로 쳐들어오는 적군을 막기 위하여 형산성을 쌓았으니, 이 이야기는 전설이라 하더라도 너무 연대가 맞지 않는다. 묘하게 생긴 이곳의 지리와, 백성을 한 사람이라도 희생시키지 않게 하기 위하여 몸소 왕관을 벗어 고려에 넘긴 경순왕의 뜻을 기리기 위하여 전해 온 것이라고 보아야 할 것이다.

비장산과 원광 법사

 지금 월성군 안강읍 검단동에는 삼기산이 있는데 그 산을 신라 때에는 비장산(臂長山)이라 부르기도 했다. 이 산을 비장산이라 부르게 된 것은 진평왕 때의 유명한 스님 원광 법사에 얽힌 이야기에서 비롯된 것이다.
 원광 법사는 젊어서 중이 되어 불법을 공부하였다. 조용한 곳에서 공부하기 위해 삼기산 골짜기에 막을 짓고 날마다 열심히 불경을 외웠다.
 몇 년이 지나서 원광이 공부하고 있는 근처에 또 한 사람의 중이 와서 절을 짓고 불도를 닦기 시작했다. 그 중은 성질이 사납고 주술 배우는 것을 좋아하여 부처님의 가르침을 공부하는 데 게을리하였다.
 어느 날 밤 원광이 책상 앞에 조용히 앉아 불경을 외고 있는데 큰 목소리가 허공에서 들려 왔다.
 "잘도 하십니다. 잘도 하십니다. 젊은 스님은 부처님의 법대로 바르게 공부하십니다. 세상에는 불경을 공부하는 중들이 많지마는 젊은 스님처럼 착실하게 부처님께서 가르치는 참뜻을 알기 위해서 공부하는 사람은 흔하지 아니합니다."

원광은 이상하게 생각하여 문을 열고 내다봤으나 사람의 모습은 보이지 아니하고 다만 쏴 하고 바람 소리 같은 것이 하늘로 지나가고 있었다. 그러나 큰 목소리는 계속 들려 왔다.

"지금 이웃에 있는 중을 보니 부처님의 가르침은 좇으려 하지 아니하고 주술만 배우려 하는데, 그런 것은 아무리 공부하여도 소용없을 것입니다. 주술을 욀 때마다 일어나는 그 소란한 소리는 진리를 찾는 사람들의 고요한 마음을 흔들어 시끄럽게 할 뿐이므로 세상을 위하여 해로운 행동인 것입니다. 나는 언제나 그곳을 지나다녀야 하는데 그곳을 지날 때마다 그 중을 죽여 버리고 싶은 생각이 치밀어올라 견딜 수가 없습니다. 젊은 스님께서는 내가 살생하는 죄를 짓지 않게 그 중에게 말해 주십시오."

큰 목소리는 이렇게 울리다가 바람처럼 사라져 갔다. 이튿날 원광은 그 중을 찾아가서 지난밤의 일을 자세하게 전했다.

"내가 어젯밤 공중에서 신이 말하는 것을 들었는데 스님께서는 다른 곳으로 이사하는 것이 좋을 것이라 하였습니다. 그렇지 않으면 좋지 못한 일이 생길 것이라고

요."

 원광의 말을 듣고 있던 중은 벌컥 화를 내면서 도리어 원광을 크게 핀잔하였다.

 "도를 닦는 사람도 마귀의 말에 귀를 기울이시오? 여우나 귀신의 말을 듣고 근심하다니 그건 말도 안 되는 소리요. 당신 같은 사람은 중이 될 자격도 없으니 공부 같은 것은 그만두는 것이 좋을 것이오."

 그런데 그날 밤에 또 그 큰 목소리가 나타나 물었다.

 "젊은 스님, 어제께 내가 부탁한 말을 이웃에 있는 중이 듣고 무어라 대답합디까?"

 원광은 제대로 말하면 큰 목소리가 성낼 것을 염려하여 거짓말을 하였다.

 "아직 가서 말을 전하지 않았습니다. 만약 찾아가서 자세히 말한다면 어찌 감히 듣지 아니하겠습니까."

 그러자 큰 목소리는 "그 무슨 말씀입니까? 내가 이미 지난 아침 그가 대답하는 것을 다 듣고 왔는데 어찌하여 스님은 나를 속이려 하십니까? 이제 두고 보십시오." 하더니 또 바람처럼 사라져 버렸다.

 그날 밤 자정이었다. 갑자기 "우르르릉 쾅!" 하고 하늘이 무너지는 듯한 소리가 나더니 뒷산 봉우리가 무너져 덮쳐서 중이 있던 절을 흔적도 없이 묻어 버렸다.

 이튿날 아침 큰 목소리는 또 원광을 찾아와서 어젯밤 일에 대하여 어떻게 생각하느냐고 물었다.

원광은 참으로 놀랐었다고 감탄했다.

"내 나이 삼천 살이 넘고 신기한 재주를 닦은 지도 이천 년이 넘었습니다. 이런 일쯤은 아주 작은 일인데 무얼 그렇게 놀라십니까? 나는 이미 지나간 일들도, 또 앞으로 다가올 일도 모르는 것이 없습니다. 젊은 스님은 잘 들으시오. 스님께서는 어째서 선진국에 들어가서 불법을 배워다가, 깨닫지 못하고 사는 이 나라의 백성들을 인도하실 생각을 아니하십니까? 스님께서 지금처럼 혼자만 공부하신다면 자신의 한 몸은 이롭게 될지언정 세상 사람들을 모두 이롭게 할 수는 없을 것입니다."

큰소리는 말을 이어 중국으로 유학할 것을 권하였다.

원광은 나지막한 소리로 불교가 크게 발달한 중국에 가서 공부하고 싶은 마음은 간절하지마는 바다와 육지가 멀고멀어 감히 갈 생각을 못하고 있을 뿐이라고 말하며 낯을 붉혔다.

그러자 큰 목소리도 갑자기 소리를 낮추어 중국으로 갈 수 있는 방법을 자세하게 일러주고는 또 바람처럼 사라져 버렸다.

원광은 큰 목소리가 일러준 대로 용기를 내어 중국으로 떠났다. 원광은 중국에서 11년 동안 공부하였는데 불교에 통달하였을 뿐 아니라 공자님의 가르침인 유교에도 능통하였다.

그후 원광은 진평왕 22년(600년)에 임금의 부름을 받고 그리운 고국으로 돌아왔는데, 임금은 원광 스님을 공경하여 모든 국사를 원광 스님에게 맡기고 나라 다스리는 방법도 그와 의논하였다. 원광 스님은 성품이 겸손하여 윗사람이나 아랫사람이나 차별 없이 사랑하였고 얼굴에는 언제나 웃음을 띠어 노기를 나타내는 일이 없었다.

사람들은 그를 원광 법사(圓光法師)라 높여 불렀다. 그런데 어느 날 밤, 문 밖에 큰 목소리가 나타나서 해륙 만 리 머나먼 길에 잘 다녀왔느냐고 인사하였다.

이에 원광 법사는 부처님의 큰 은혜를 입어 많이 배우고 무사히 돌아왔노라고 대답하였다.

큰 목소리는 다시 이렇게 간청하였다.

"내 이제 법사에게 원합니다. 삼천 년을 살았어도 완전한 진리를 얻지 못하여 떠돌아다니는 이 불쌍한 나의 영혼을 구해 주십시오."

원광 법사는 그렇게 해줄 것을 약속하고 큰 목소리의 모습을 한 번만 보여 달라고 청했다. 그러자 큰 목소리는 내일 아침 동쪽 하늘을 보라고 하였다.

원광 법사가 이튿날 아침 동쪽 하늘을 바라보았더니 큰 팔뚝 하나가 구름을 뚫고 솟아올랐다.

그날 밤 큰 목소리는 또 찾아와서 원광 법사에게 자기 팔뚝을 보았느냐고 물었다. 원광 법사가 팔뚝을 봤는데 과연 신기하더라고 감탄하며 대답하였다.

그러자 큰 목소리는 "비록 이렇게 큰 몸이라 하더라도

때가 되면 죽는 것은 면할 수 없는 일입니다. 이제 내 명이 다하여 7일 후면 나는 법사께서 처음 공부하시던 고개 위에 이 육신을 버리고 영혼은 떠나갈 것입니다. 법사께서 오셔서 육신을 떠난 나의 영혼이 다시는 괴로운 세상을 떠돌지 않게 길을 인도해 주십시오." 하고 사라졌다.

7일 후 원광 법사가 삼기산 위에 가봤더니 검은 여우 한 마리가 숨을 헐떡이다가 법사를 보더니 스르르 눈을 감고 죽어 버렸다.

법사는 검은 여우의 명복을 빌기 위해 경을 외고 그 시체를 묻어 주었다. 그후부터 삼기산은 길다란 여우의 팔뚝이 솟았던 산이라 하여 비장산이라 불리게 되었다 한다.

성 부 산

성부산(星浮山)은 월성군 화실리와 망성리 사이에 솟은 높이 315m 정도 되는 산이다. 산은 그렇게 높지 않으나 산세가 가파르고 날카로우며 뾰족하게 솟아 있어 누구에게나 신령스럽게 보이는 산이다. 또 이 산은 세발 솥처럼 생겼다 하여 솥두방산이라 불리기도 한다.

신라 29대 무열왕은 삼국 통일을 이룩할 큰 포부를 갖고 우선 당나라와 연합하여 백제의 항복을 받았다. 그리고 다시 고구려 정벌을 계획하였으나 백제 백성들 중에는 항복을 거부하고 백제의 독립을 위해서 생명을 바쳐 반항해 오는 의병들이 수없이 많았다. 이러한 의병들을 진압하지 않고는 고구려와 싸움을 일으킬 수도 없고 삼국 통일 대업을 이룩할 수도 없는 일이었다.

무열왕은 한산성(지금의 광주)에 진을 치고 많은 군사를 보내서 백제의 의병들을 진압하게 하였다. 이때 고구려군과 말갈군이 갑자기 쳐들어와 한산성을 포위하였다.

두 나라의 군사가 합세하여 성을 겹겹으로 둘러싸자 신라 군사들은 할 수 없이 성문을 닫아걸었다. 수에 있어서나 힘에 있어서나 적군은 강하였기 때문에 나가 싸워 봤자 결과는 뻔한 일이었다. 그리하여 적군들이 지쳐서 물러갈 때까지 성안에서 기다릴 수밖에 도리가 없었다.

　그러나 보름이 지나도 적군은 물러가려 하지 않았다. 성안에서는 양식을 절약하였으나 싸움이 오래 계속되자 한 달쯤 지났을 때에는 가지고 온 양식이 다 떨어졌다. 우물에 물도 말라 퍼내면 흙물이었다. 몇 번이나 서울에 전령을 보내 구원병을 청했지만 전령들이 모두 적에게 잡혔는지 구원병은 오지 않았다.

　적군들은 성을 포위한 지 40일이 되어도 물러갈 기색을 보이지 않고 때만 되면 팔방에서 밥짓는 연기가 무럭무럭 오르고 있으니, 여러 날째 굶고 목마른 신라 군사들은 허기를 참지 못하여 군침만 삼키고 있었다.

　그런데 며칠 후 다행히도 한 전령이 적의 포위망을 뚫고 이 위급한 소식을 왕에게 알리게 되었다. 무열왕은 당황하여 신하들을 모아 놓고 대책을 의논하였다. 이때 김유신 장군이 달려왔다.

　"이러고 있을 때가 아닙니다. 형세가 위급하여 인력으로서는 구할 길이 없습니다. 신의 힘을 빌려야 되겠습니다. 솥두방산에 단을 마련해 주십시오."

장군이 말을 마치자 곧 솥두방산에 제단이 마련되었다. 김유신은 몸을 깨끗이 씻고 향을 피우고 신라의 입장을 성심으로 하늘에 고했다.

이때 문득 큰 독만한 불덩어리가 제단 위에 솟아오르더니 번개처럼 북쪽으로 날아갔다.

성안의 군사들은 구원병을 기다렸으나 오지 않으므로 이제는 죽을 수밖에 없었다. 어떤 군사들은 이렇게 죽는 것보다는 적을 한 사람이라도 죽이고 죽는다고 성 위에 올라가서 활을 쏘고는 힘없이 떨어져 죽었다.

싸울 기력이 다한 성안의 기미를 알아차린 적군들은 함성을 크게 지르며 공격해 왔다. 성안의 군사들은 눈물을 흘리면서 서로 붙잡고 작별의 인사들을 하였다.
 이때였다. 남쪽 하늘에서 큰 불덩어리가 날아오더니 성 위에서 30여 개로 갈라지며 벼락이 되어 적진을 때려 부수었다. 이 벼락에 수많은 적군이 타죽었고 많은 무기가 타고 부러졌으며 쌓아 놓은 포대가 다 허물어졌다. 살아 남은 적군은 다 도망쳐 버리고 한산성의 신라 군사들은 무사히 돌아올 수 있게 되었다.
 그후부터 이 산은 독만한 불덩어리가 별처럼 떠간 산이라 하여 성부산이라 부르게 되었는데, 지금도 영산으로 숭앙을 받고 있다.

<삼국유사>

일천 바위

　경주 동남산 천암골 정상에 솟아 있는 높은 바위가 일천 바위이다. 높이 10여m 되는 큰 바위들이 서로 어우러져 이루어진 거대한 바위 무리가 높은 산봉우리 위에 육중하게 솟아 있어 어느 곳에서 보나 동남산의 주봉인 듯 장엄하게 보인다.
　이 바위의 위는 10여 명 정도가 둘러앉을 만한 넓이로 평평하게 되어 있는데 이곳에 올라서 보면 전망이 좋다. 남으로는 남산동 여러 산등성이 너머로 조양벌이 넓게 펼쳐져 보이고, 동으로는 모든 산과 들을 발 아래 두고 멀리 부처님의 산인 토함산이 마주 보인다. 북으로는 미륵골, 낭산, 금강산 등 여러 산들이 물결치는 듯 펼쳐져 있어, 이 바위는 마치 속세를 떠난 선경으로 느껴진다. 오늘날에도 전망이 이렇게 좋은데 옛날 신라 때 17만 8,936호나 되는 기와집들이 발 아래 즐비해 있던 시절에야 그 정경이 얼마나 장관이었을까.

신라가 건국되기 전 아득한 옛날 일이었다. 이 바위 아래 펼쳐져 있는 벌은 그렇게 넓은 땅은 아니었으나 기름진 옥토여서, 벌 가운데로 흐르는 남천을 끼고 약 천 명 가량의 인구가 여기저기 마을을 이루고 살았다. 그들은 밝음을 숭상하여 흰옷을 즐겨 입었으며 서로 도와 가며 열심히 일하며 살았다. 남자들은 밭에서 농사를 짓고 말과 같은 짐승들도 길렀고, 여자들은 삼을 삼아 베를 짜고 누에를 쳐서 비단도 짜며 열심히 일하였으므로 먹을 것과 입을 것은 언제나 걱정 없이 풍족하였다.
  어른들은 아이들을 사랑하고 아이들은 어른들을 존경하여 누구나가 불평 없이 평화롭게 살았다.
  그러나 악한 것들이란 언제나 착한 것을 미워한다. 어느 해 첫여름 보리가 누렇게 익어갈 때쯤 돼서 이 동네에 도둑 떼들이 쳐들어왔다. 도둑들은 일하기를 싫어하여 남들이 저축해 놓은 것을 빼앗아다가 먹는 것을 일로 삼았고 남을 못살게 괴롭히는 것을 재미로 아는 사나운 것들이다.
  대대로 평화롭게만 살아온 마을 사람들은 싸울 줄을 잘 몰랐다. 마을 사람들은 아예 싸울 것을 포기하고 곡식과 입을 옷감을 바치고 엎드려 빌었다. 그러나 마귀 같은 도둑들은 그것으로 만족하지 아니하였다. 주인을 잘 따르는 소와 말을 닥치는 대로 죽이고 잡아먹었다. 그뿐만이 아니었다. 마을의 어머니들과 누나들을 데려다가 종으로 삼으려 했다. 말을 안 듣고 반항할 땐 사정없이 칼로 내리치는 것이었다.

평화롭던 마을은 삽시간에 두려움과 피로 물들기 시작하였다. 노루도 악이 나면 문다고 하듯이 마을의 젊은이들은 분함을 참지 못하여 일제히 일어서서 대항하였다.

"할아버지와 할머니들은 빨리 뒷동산으로 피난하십시오. 아버지와 어머니, 누나들도 모두 뒷동산으로 숨으십시오. 우리들은 생명을 걸고 저 도둑들을 우리 마을에서 몰아내고 말겠습니다."

"안 된다. 너희들이 저 포악스런 놈들과 싸우는 것을 어떻게 먼 곳에서 보고만 있으란 말이냐."

이렇게 말하며 할아버지와 아버지들도 팔을 걷고 싸움터로 나서려 하였다.

"안 됩니다. 아버지와 어머니들께서는 할아버지와 할머니 또 누나들을 보살펴 피난하도록 하십시오. 그렇지 않으면 우리들은 안심하고 싸울 수 없습니다."

젊은이들은 노인과 여자들은 빨리 피난하라고 애원하였다. 아버지와 어머니들은 산 위로 피난하라는 젊은이들의 성화에 못 이겨 노인들과 여자들을 데리고 모두 산속으로 숨었다. 그리하여 어른과 부녀자들은 높은 산 위에 올라 젊은이들이 어떻게 되나 가슴 죄며 아래 마을 일을 살폈다.

드디어 큰 싸움이 벌어졌다. 마을의 젊은이들은 괭이

에 낫에 도끼 등 농가에서 쓰는 기구들을 되는 대로 들고 나와서 싸웠다. 마을 사람들을 얕보고 마음놓고 뽐내던 도둑들이 몇 놈 얻어맞고 쓰러졌다. 그러자 성난 도둑들은 칼이고 창이고 활이고 있는 무기를 다 동원하여 젊은이들을 공격해 왔다.

 싸움의 경험도 없는 젊은이들이 무기도 없이, 싸움을 일삼고 살아온 도둑들을 무슨 수로 당할 수 있을까. 젊은이들은 차츰차츰 뒷산으로 후퇴하기 시작했다. 대항하던 젊은이들은 모두 비참하게 죽음을 당하고 살아 있는 젊은이들은 한 발짝 한 발짝 후퇴하여 뒷산으로 오르고 있었다. 성난 도둑들은 이리떼같이 산을 에워싸고 공격해 오고 있었다.
이 일을 어쩌면 좋을까.
"하느님, 우리들을 살려 주십시오!"
한 어머니가 이렇게 외쳤다. 이 소리를 들은 모든 사람들이 두 손을 모아 하늘을 우러러보며 외쳤다.
"하느님, 우리들을 살려 주십시오!"
어머니, 아버지, 할아버지, 할머니, 누나들, 아이들 할 것 없이 모두 하늘을 향하여 살려 달라고 애원하였다.
이때 갑자기 하늘이 우지끈 하더니 검은 구름이 덮이기 시작하였다. 마침내 하늘도 땅도 분간할 수 없을 만큼 어두워지더니 "우르르 쾅!" 하고 천둥이 치며 하늘이 무너지는 것처럼 비가 쏟아지는 것이다.
비가 내린 지 하루도 못 되어서 마을은 벌써 떠내려가 버리고 산허리까지 물이 찼다. 마을의 젊은이들은 물을 피해서 재빨리 바위로 오르는 수밖에 없었다. 비는 계속 쏟아졌다. 하루, 이틀, 사흘째 되던 날에는 산꼭대기까지 물이 찼다.
마을 사람들은 산꼭대기의 바위 위에 올라서서 서로 껴안았다. 이곳에서 미끄러지면 물에 떠내려가게 된다. 만일 한 사람이라도 물에 떨어질 때면 다 같이 떠내려갈 작정으로 힘을 모아 껴안고 있었다.

산꼭대기까지 할퀴려고 들던 무서운 폭우는 나흘째 되는 날 아침에는 활짝 개고, 정상까지 넘실거리던 물도 줄기 시작하였다. 이때 그 악마 같은 도둑들은 모두 물에 떠내려가 버리고 흙탕물은 이 산 밑에다 더 넓은 옥토를 만들어 놓았다.

동쪽 등성이에서 흘러오는 남천은 기름진 벌판 가운데로 그전처럼 유유히 흘러내렸다. 태양은 밝게 솟아올라 다시 서라벌을 비추었다. 마을 사람들은 새 희망을 갖고 밭을 갈기 시작하였다. 여자들은 삼을 심고 뽕나무도 심었다. 아이들은 소와 말 고삐를 잡고 풀밭으로 갔다. 그전과 달라진 것은 사람들이 모두 하늘에 감사하고 사는 마음가짐을 갖게 된 것이었다.

그후부터 뒷산 꼭대기에 솟아 있는 거대한 바위는, 이 바위로 인하여 일천 명이 살아났다 하여 일천 바위라 불리게 되었다. 그리고 일천 바위 밑에는 험상궂은 얼굴처럼 생긴 바위가 두 바위 틈에 걸려 있는데, 이 바위는 물에 떠내려가다가 걸린 도둑의 두목인 마왕의 얼굴이라 전해 오고 있다.

<마을 사람들의 이야기>

장구 터

 옛날에는 신선을 믿는 사람들이 많았다. 신선은 여러 해 동안 신선의 도를 닦은 사람으로서 하늘과 땅 위를 마음대로 날아다니고 마음대로 모습을 바꿀 수도 있으며 늙거나 죽는 일도 없이 자연과 더불어 산에서 살고 있는 거라고 믿고 있었다.
 어느 날 한 젊은이가 도끼를 들고 산으로 나무하러 갔다가 어디서 좋은 향기가 풍겨 오기에 그곳을 찾아보았다. 그곳에는 하늘 위로 깎아지른 듯한 병풍 바위가 둘러쳐져 있고, 하늘에서는 은하수가 쏟아지는 듯 폭포가 시원스럽게 흘러내리는데 가지를 뻗은 늙은 소나무 위에는 하얀 학들이 날고 있었다.
 이렇게 경치 좋은 폭포 옆에 머리가 하얗고 하얀 수염을 길게 늘인 두 노인이 하얀 도포를 입고 마주앉아서 바둑을 두고 있었다. 노인들은 세월 가는 줄 모르고 바둑을 두는데 그 옆에는 색동 옷을 입은 어린아이가 부채

를 들고 풍로불을 부쳐 차를 달이고 있었다. 좋은 향기는 그 찻주전자에서 새어 나오는 것이었다.

젊은이는 하도 신기하여 도끼를 풀밭에 놓고 두 노인이 바둑을 두고 있는 것을 정신없이 바라보고 있었다.

그러다가 젊은이는 갑자기 집 생각을 하고 집으로 돌아가려고 풀밭에 놓아두었던 도끼자루를 들었더니, 도끼자루는 썩어 버리고 도끼날은 새빨갛게 녹이 슬어 있었다. 너무도 이상하여 허겁지겁 집에 돌아와 보니 식구들은 하나도 없고 낯선 노인이 집을 지키고 있었다.

젊은이가 이상하게 여겨 자세히 알아보니, 아내와 아

이들은 그동안 늙어서 다 죽고 지금 집을 지키고 있는 그 노인이 바로 자기 손자라는 이야기였다. 신선 세계에서 잠깐 구경한 것이 우리 인간 세상에서는 어린아이가 자라서 늙어 죽고 그 다음 아기가 늙어서 노인이 될 만큼 오랜 세월이었던 것이라 했다.

이런 이야기는 우리 나라 곳곳에서 전해 오는데 경주에 전해 오는 신선 이야기는 별로 없다.

경주 남산에는 불교의 유적으로 110곳에 절터가 있는데 신선 이야기가 전해 오는 곳은 두 곳밖에 없다. 배실의 장구터 이야기도 그 중 하나이다. "동경잡기"라는 옛날 책에 의하면 경주 남산에 바둑판처럼 깎아 놓은 돌이 있는데, 이곳은 옛날 신라 시대 신선들이 놀던 곳이라고 기록되어 있다.

이 골짜기는 그리 깊은 계곡은 아니나 많은 바위 봉우리들로 감싸여 있어 분위기가 신비롭고 경치가 좋다.

이 계곡에는 절터가 세 곳 있는데 모두 큰 돌로 축대를 쌓아 터를 닦았다. 마을 사람들이 이 절터들을 장구터라 한다. 신선들이 장기를 두고 놀던 곳이란 뜻이다. 그러나 실상 신선들이 놀던 장구 터는 이 계곡 위쪽에 있다. 여기에는 길이가 11.74m, 나비가 6.63m나 되는 넓은 바위가 있는데 여러 사람들이 둘러앉아 놀기에 적합하다.

이곳에 앉아 사방을 바라보면 경주 평야는 물론이요

송화산, 귀미산, 선도산, 벽도산, 단석산, 안태산, 금강산, 금학산, 명활산, 낭산, 토함산 등 산과 들이 모두 아득히 내려다보이고, 은빛으로 선을 그으며 흐르는 냇물들이 먼 꿈나라로 흘러가는 듯하니, 이 바위가 바로 선경이 아닐 수 없다.

18만 호의 서울 장안을 발 아래 내려다보며 이곳에서 바둑을 두던 신라의 신선들이었으니 바둑판도 자연과 조화시켜 바위로 만들었던 모양이다.

<경주시지>

열 반 골

옛날 신라의 서울에 한 각간(대신)이 있었는데 그에게는 사랑하는 외동딸이 있었다. 어려서부터 얼굴도 예쁘고 마음씨도 고와 여러 사람들의 사랑을 홀로 차지하고 자랐다. 이 아기가 자라서 꽃다운 나이가 되자 그 아름다움은 마치 구름을 타고 하늘에서 내려온 선녀인 듯하였다.

이렇게 예쁜 처녀이기에 많은 남자들이 결혼을 청하기도 하고 권력이나 금력으로 유혹하기도 하며 성가시게 굴었다. 처녀는 마침내 시끄러운 속세를 떠나서 부처님 세계인 열반에서 살 것을 결심하고 아무도 모르게 집을 나섰다.

부모님의 따뜻한 사랑도, 여러 사람들의 부러움도, 새까만 머리 다발도 다 끊어 버리고 오직 맑고 청정한 부처님 나라로 찾아든 곳이 경주 남산 용장골의 갈래인 열반골이었다. 금빛으로 수놓은 화려한 옷과 은빛 허리띠도 벗어 버리고 먹물 옷으로 갈아입었다.

　승복 차림으로 모습을 바꾼 처녀는 굳은 결심을 하고 열반골을 향해 발을 옮겼다. 아무리 머리를 깎고 먹물 옷을 입었다 하더라도 숨길 수 없는 것은 처녀의 순결한 체취였다.

　처녀의 살냄새를 맡은 뭇짐승들은 코를 벌름거리며 기어내려와 길을 막고 으르렁거렸다.

　처녀는 죽는 한이 있더라도 돌아서지 않을 것을 굳게 다짐하고 걸음을 옮길 때마다 염불을 외면서 산골짜기로 깊이 들어갔다. 골짜기가 깊어질수록 더 무서운 맹수들이 기어나와 으르렁거리며 처녀에게 덤벼들었다.

　그러나 부처님 나라를 그리며 마음을 닦는 처녀는 무서운 맹수들이 우글거리는 깊은 산속에서도 마음을 가다듬고 염불만 외면서 길을 찾아 들어갔다. 집을 떠나 오랜 세월을 무서움과 외로움과 배고픔을 참고 견디며 오직 부처님만 부르면서 열심히 길을 찾아 들어간 처녀는 드디어 무서운 맹수의 계곡을 벗어나서 부처님 나라로 통하는 산등성이에 올라서게 되었다. 이곳에서 지팡이를 짚고 오는 할머니를 만나 그의 안내로 산등성이 너머에 있는 청룡사에 이르게 되니, 그곳이 바로 하늘에 떠 있는 열반 세계였다.

　처녀는 마침내 모든 번뇌를 말끔히 씻고 열반 세계에 들어가 보살이 되었다는 이야기다.

이 계곡 입구에서 약 200m 들어가면 개울가에 십여 명이 앉아 놀 수 있는 평평한 바위가 있다. 처녀가 이 바위에서 속세의 옷을 벗어 버리고 먹물 옷으로 갈아입었다 하여 바위 이름을 갱의암(更衣岩)이라 부르고 있다. 계곡의 풍경도 이 바위에서부터 시작되고 전해 오는 이야기도 이 바위에서부터 시작된다.

처녀의 살냄새를 맡고 처음 나타난 것은 검은 고양이다. 등을 구부리고 절벽을 기어내려오는 것처럼 보이는 고양이 바위는 보통 묘암(猫岩)이라 한다. 다음은 꼬리를 흔들면서 덤벼드는 개 바위, 또 눈을 가늘게 뜨고 간사하게 처녀를 홀리려고 드는 여우 바위는 호암(狐岩)이라 부른다.

고양이가 무서워서 머리만 내밀고 엿보는 쥐 바위, 혀를 뽑아 물고 산등성이를 넘어오는 작은곰 바위 등이 한데 어우러져 장관을 이루고 있는 것이다.

풀밭을 헤치면서 미친 듯이 뛰어내리는 산돼지 바위, 날개를 접으면서 내려앉으려는 독수리 바위, 이러한 짐승 바위들을 지나 계곡으로 더 들어가면 맹수들의 계곡에 이른다.

먼저 크게 눈에 띄는 것은 높이 10여m나 돼보이는 높은 바위 위에서 큰 입을 벌리고 짖어대는 사자 바위다. 이 바위를 다른 각도에서 보면 등을 돌리고 앉아 머리만 이쪽으로 돌아보는 큰 곰처럼 보이므로 대웅암(大熊岩)이라고도 부른다. 대웅암 밑으로는 맑은 여울이 폭포를 이루고 흘러내리므로 이곳에 있으면 마치 한 폭의 산수화 속에 있는 듯하다.

대웅암 맞은편 네 개의 돌기둥에 얹혀 있는 큰 바위 덩어리는 맹호암이라 하고, 그 곁에 길다랗게 기어내려 오는 바위는 천년 묵은 이무기 바위다.

이곳에 있는 바위들은 모두 거대하고 무서운 짐승들의 형상인데 오직 한 마리 유순한 짐승 모양인 거북 바위가 있다. 대웅암 밑에 조그맣게 엎드려 염불을 외며 맹수들의 계곡으로 들어오는 처녀의 신상을 걱정하는 듯 눈을 동그랗게 뜨고 계곡 어귀를 바라보고 있다.

처녀는 맹수들이 들끓는 무서운 계곡에서도 마음 흔들림 없이 부처님을 부르며 발길을 옮겨 맹수들의 계곡을 벗어나게 되었다.

용이 산다는 용당 바위를 지나 하늘에 닿을 듯 드높게 솟아 있는 신장 바위를 지나면, 이곳에서부터는 산세도 험하지 않고 개울물도 조용히 흐른다. 물길 따라 약 3백m쯤 들어가서 서쪽 산등성이를 바라보면 높이 5~6m쯤 되어 보이는 큰 바위가 솟아 있는데, 그 산에 이상하게 생긴 돌이 얹혀 있다. 바위 위에는 누가 대변을 누어 놓은 것처럼 보이는 돌이 아주 소중한 듯이 얹혀 있는데 이 바위를 분암(糞岩)이라 하고, 장마철이 되면 이 바위 틈에서 물이 흘러내리니 그것을 요암(尿岩)이라 부르고 있다.

사람들은 더러운 것을 싫어하고 깨끗한 것을 좋아한다. 그러나 사람에게는 그 더러운 것이 꼭 필요한 것이다. 참된 진리는 더러운 것과 깨끗한 것에 차별을 두지 않는 곳에 있다. 즉 지옥도 사랑하여 그들을 위해 눈물을 흘려 주는 것이 부처님의 사랑이라고 처녀는 바위 위에 소중한 듯이 얹혀 있는 그 돌을 보면서 느꼈다.

'나는 이때까지 어째서 더러운 것을 피해 다녔던고 ……'

분암과 요암을 보고 있는 동안 처녀의 마음은 맑아졌다. 구름 없는 하늘처럼 한없이 맑고 넓어졌다.

아! 이때 건너편 산등성이에 지팡이를 짚고 오는 할머니가 보였다. 그 바위는 마을에서 할미 바위라고 불리는데, 실상은 깨우친 사람을 열반으로 안내하는 지장 보살이라 한다.

지장 보살은 처녀에게 말했다.

"이제 처녀는 진리를 깨우쳐 청정한 마음을 얻었으니 내가 열반으로 안내하오리다."

얘기를 마치고는 처녀에게 곁에 있는 바위에 앉으라 했다.

그 바위는 흔들바위다. 바위는 처녀를 태우고 흔들흔들 구름처럼 산등성이를 넘어 천룡사(天龍寺)에 이르렀다. 이 천룡사가 바로 열반 세계였던 것이다.

열반골 213

경주 남산 만물상이라고 하는 이 계곡은 이러한 내력으로 열반골이라 불리게 되었다 한다.

봉 황 대

　생기에 넘치고 웃음이 가득 차던 신라 왕실도 9세기 중엽으로 접어들면서부터는 임금의 자리다툼으로 옥좌는 피에 젖고 신하들은 사욕에 눈이 어두워 나라를 돌볼 겨를이 없었다.
　드디어 궁예가 이끄는 후고구려와 견훤이 이끄는 후백제가 신라의 땅을 침범하자 신라는 명맥도 유지하기 힘든 나라가 되어 버리고 말았다.
　궁예의 뒤를 이은 고려의 왕건은 신라가 약해져 저절로 망할 날만 기다리고 있었다.
　그런데 이 시대에는 풍수 지리설이 크게 유행하였다. 풍수 지리설이란 집터나 무덤 터를 잘 잡아야 오랫동안 영화를 누릴 수 있고 그 자손들이 길이길이 번영할 수 있다고 믿는 생각이다. 그렇기 때문에 나라에서는 대궐 터를 고르는 데 많은 신경을 썼다. 하루는 어느 풍수쟁이가 고려의 태조 왕건 앞에 와서 아뢰었다.

"신라 서울의 지형은 떠나가는 배(舟) 모양으로 생겼기 때문에 지금은 쇠약해 있다 하더라도 어느 때든지 좋은 바람만 타면 다시 일어날 수 있습니다. 신라를 다시 일어나지 못하게 하려면 신라 서울의 배를 아주 침몰시켜야 합니다. 그것을 소신에게 맡겨 주십시오."

이 말을 들은 고려의 임금은 기뻐하며 그렇게 할 것을 승낙하였다.

풍수쟁이는 신라 임금을 찾아와서 이렇게 말하였다.

"신라 서울의 지형은 봉황의 둥우리처럼 생겼기 때문에 천 년 동안이나 영화를 누렸습니다. 그러나 이제는 때가 지나서 봉황은 둥우리를 버리고 다른 곳으로 날아가려 하고 있습니다."

신라 임금은 나라 형편이 기울어져 가고 있던 때라 걱정이 되어 물었다.

"그렇다면 봉황을 붙잡아 둘 수는 없는가?"

풍수쟁이는 좋은 수가 있다고 얼른 대답한 후 말을 이어서, 봉황의 둥우리처럼 생긴 서울 장안에 큰 알을 많이 만들어 놓는다면 봉황은 알을 두고 다른 곳으로 날아가지 못할 것이라고 하였다.

신라 임금은 그럴듯하다고 생각하고 곧 많은 사람들을 동원하여 서울 복판에 둥글둥글하게 흙을 쌓아 산더미 같은 알 모양을 수없이 만들어 놓았다.

그런데 풍수쟁이가 보았을 때 이것은 알이 아니라 떠

가는 배 위에 많은 짐을 실어 놓은 모양이 되었기 때문에 속으로 만족하고, 둥근 알이 가장 많은 미추왕릉 부근에 몰래 우물을 파놓고 고려로 도망갔다. 우물을 파놓은 것은 많은 짐을 싣고 떠가는 배 밑에 구멍을 뚫어 놓은 셈이 되었으니, 그후 신라는 영영 가라앉아 다시 일어나지 못하게 된 것이라고 한다.

　여기서 봉황의 알이라고 말하는 것은 경주 시내에 수없이 솟아 있는 옛날 임금과 귀족들의 무덤을 말하는 것인데, 지금도 경주 지방에서는 이곳을 봉황대라 한다. 그리고 미추왕릉 부근에 있던 우물은 율림정(栗林井)이라 하여 근래에까지 남아 있었다.

이 이야기는 신라가 막을 내리고 풍수 지리설이 크게 유행하던 고려 시대에 와서 산더미같이 큰 무덤들을 이상하게 본 나머지 꾸며진 이야기라 믿어지는데, 신라 말기부터 유행한 풍수 지리설은 아름다운 산천을 배경으로 하여 많은 절을 짓게 한 이로움도 많았지만, 조상들의 무덤을 이리저리로 옮기게 하는 폐단도 많았던 것이다.

알천과 원성왕

　38대 원성왕은 내물왕의 12대 손으로 이름은 김경신이다.
　김경신이 왕위에 오르기 전 상대등으로 있을 당시의 어느 날, 복두를 벗고 흰 갓을 쓴 차림으로 가야금을 들고 천관사의 우물로 들어간 꿈을 꾸었다.
　경신은 꿈이 이상하여 점쟁이를 불러다가 꿈풀이를 하였더니, 점쟁이는 복두를 벗은 것은 벼슬에서 떨어질 징조요, 가야금을 들고 있었던 것은 목에 칼을 쓸 징조이며, 우물로 들어간 것은 감옥에 갇힐 징조라고 풀이하였다.
　김경신은 그후부터 그 일이 근심이 되어 식사 때가 되어도 밥이 넘어가지 않았다. 만사가 손에 잡히지 않아 드디어는 자리에 누워서 앓게 되었다.
　이때 아찬 벼슬에 있는 여삼이라는 사람이 찾아와서 경신을 만나자고 하였다. 경신은 마음이 불안하고 사람

대하기가 두려운 생각이 들어, 몸이 불편하여 만날 수 없다고 거절했다. 그러나 여삼이 한사코 만나고 가겠다 하기에 경신은 할 수 없이 여삼을 병실로 불러들였다.

여삼은 김경신의 머리맡에 가까이 앉으며 병문안 인사를 한 다음 김경신에게, 지난날 무슨 꿈을 꾸었다고 들었는데 어떠한 꿈이었는지 그 꿈 이야기를 들려 달라고 하였다.

김경신은 그 불길한 꿈 이야기를 다시 하고 싶지 않았으나 여삼이 하도 진지하게 묻기에 대강 이야기하여 주고는 한숨을 쉬었다.

그런데 꿈 이야기를 듣고 있던 여삼은 얼른 일어서더니 김경신에게 큰절을 하면서, 앞으로 자기를 버리지 말아 달라고 하는 것이었다.

김경신은 무슨 뜻인지 알지 못하여 일어나 앉으면서 의아스러운 눈으로 여삼을 쳐다보며 물었다.

"아니, 그 꿈이 무슨 꿈이기에 이러시오, 아찬?"

여삼은 경신의 곁에 바싹 다가앉으면서 귀엣말을 하였다.

"복두를 벗은 것은 위에 더 높은 사람이 없다는 뜻이옵고 흰 갓을 쓰신 것은 왕관을 쓰실 징조이옵니다. 가야금 12줄은 12대 조상(내물왕)의 인연이옵고, 우물에 드신 것은 대궐에 갇힐 징조이옵니다. 이 이야기는 누구에게도 말씀하시지 말고 때를 기다리십시오."

듣고 있던 경신은 그래도 믿을 수 없어 되물었다.

"그게 무슨 소리요! 내 위에는 태종 무열왕의 5대 손인 이찬 김주원이 있지 않소."

여삼은 소리를 더욱 낮추어 그믐밤을 이용하여 아무도 모르게 알천 신에게 제사를 드리면 일이 성사될 것이라고 알려 주고는 물러갔다.

경신은 여삼의 말대로 밤중에 아무도 몰래 제사를 드렸다.

그후 얼마 안 되어 37대 선덕왕이 왕자 없이 세상을 떠났다. 그날이 785년 1월 13일이었는데 다음 왕위는 서열에 따라 김주원이 오르게 되었다.

그런데 그날부터 갑자기 폭우가 쏟아지기 시작하더니 알천의 다리가 떠내려가 버리고 교통이 차단되었다.

김주원의 집은 알천 건너에 있었으므로 대궐에 들어오지 못하고 물이 줄어들기를 기다릴 수밖에 없었다.

이때 김경신의 일파들은 임금의 자리는 한시도 비울 수 없다면서 김경신을 받들어 왕위에 오르게 하였던 것이다. 신라는 이때부터 임금들의 자리다툼이 일어나기 시작했던 것이다.

알천의 물싸움

경주 벌판의 북쪽으로 흐르는 알천을 가운데 두고 그 북쪽 기슭 동천(東泉) 마을에는 신라 41대 헌덕 대왕(809~26년) 능이 있고, 남쪽 구황 마을에는 선덕 여왕 때 지은 분황사가 자리잡고 있었다. 분황사는 신라의 7대 가람 중에서도 손꼽는 큰 절로서, 거대한 벽돌탑 모양으로 쌓은 9층(현재 3층) 석탑이 솟아 있어 위엄 있던 큰 절이었다.

헌덕왕릉은 봉분 둘레에는 병풍석을 쌓고 열두 방향에 쥐, 소, 범, 토끼 등 열두 가지 짐승을 새기고 돌 난간을 둘러세운 다음, 네 귀에 돌사자를 배치하고 무인과 문인의 석상을 쌍으로 마주 세워 놓은 의위(義衞)를 갖춘 왕릉이었다.

동천 마을 사람들은 헌덕왕릉을 자랑으로 삼았고 구황 마을 사람들은 분황사를 자랑으로 삼았다. 알천이란 강물은 황륜, 암곡, 가내골 등 험준한 여러 계곡에서 급경

사로 흘러내리는 물이기 때문에 해마다 여름이면 큰물이 날 때가 많다. 그 때문에 알천 가에 사는 구황 사람들과 동천 마을 사람들은 여름이면 안심하고 살 수가 없었다.

그래서 동천 사람들은 홍수의 피해를 막아 달라고 헌덕왕릉에 빌고, 구황 마을 사람들은 분황사 부처님께 빌었다. 마을 사람들의 기도를 받은 분황사의 부처님은 큰 홍수가 질 때면 구황 사람들의 피해를 적게 하기 위하여 물길을 북쪽으로 돌렸다. 홍수의 물길이 북쪽으로 흐르게 되면 동천 마을에 피해가 크고 헌덕왕릉이 떠내려가게 된다. 동촌 마을 사람들의 소원을 풀어 주려고 헌덕왕의 영혼은 홍수의 물길을 남쪽으로 돌리려 애썼다.

 이렇게 분황사 부처님과 헌덕왕의 영혼은 오랫동안 주민들과 합세하여 물길을 갖고 일심 전력으로 싸웠다. 물길이 북쪽으로 치우쳐 흐를 때엔 헌덕왕릉의 석상과 비석에서 땀이 흐르고, 남쪽으로 치우쳐 흐를 때에는 분황사 부처님이 땀을 흘렸다.

 헌덕왕 영혼과 분황사 부처님이 치열하게 싸우니 알천 냇물의 홍수는 남쪽으로도 못 가고 북쪽으로도 못 가고 하늘로 치솟았다. 이 무서운 홍수를 막기 위해서 동촌 사람들은 강가에 둑을 쌓고, 구황 사람들은 나무를 심었는데 그 나무숲이 5리나 되었으므로 오리숲이라 불렀다.

 지금은 강 양 가에 튼튼하게 제방이 쌓여 있어 물길 때문에 싸울 일도 없겠지마는, 분황사 북쪽 언덕은 가뭄의 홍수에 패어 벼랑이 되었고 헌덕왕릉은 반 이상 허물어졌을 뿐 아니라 석사자며 문인, 무인 석상들이 홍수에 의해 모두 없어져 이 이야기를 실감케 한다.

아 기 봉

　월성군 외동면 입실리 서쪽 유림산 등성이에 큰 바위 봉우리가 솟아 있다. 산등성이에 크고 높은 바위들이 서로 얽혀 약 10m 높이로 솟아 있어 마치 마천루처럼 보인다. 석양이면 바위 봉우리가 붉게 물들어 더욱 신비스럽게 보인다. 그래서 마을 사람들은 꼭 이루어야 할 소원이 있거나 좋지 않은 일이 있을 때면 이 바위에 치성을 드린다.
　아주 오랜 옛날 일이었다. 날마다 새벽같이 이 바위에 올라와서 기도를 드리는 할머니가 있었다. 오늘도 할머니는 목욕을 하고 샛별을 보며 산에 올라와 바위에 촛불을 밝힌 다음 향을 피우고 절을 하였다. 그러고 일어서서 다시 절을 하려다가 할머니는 이상한 것을 보았다.
　하늘에서 오색 구름을 타고 선녀 하나가 내려오는 것이었다. 머리에는 금이파리가 하늘거리는 금관을 썼고 비단 옷을 입었는데 어깨에는 잠자리 날개처럼 얇은 긴

수건을 걸치고 있었다. 선녀들의 어깨에 걸치는 긴 수건을 천의(天衣)라 하는데 선녀들이 하늘을 날 때 입는 날개옷이다. 그 천의 자락과 몸에 장식한 구슬들이 반짝반짝 바람에 흔들리는 모습은 한없이 아름다웠다.

할머니는 너무 황홀하여 절하는 것도 잊어버리고 정신없이 하늘을 쳐다보았다. 그런데 이상하게도 구름을 탄 그 선녀가 이 바위 봉우리를 향해서 날아오고 있는 것이었다. 할머니는 두려운 생각에 근처 숲속에 몸을 숨기고 선녀의 동정을 살폈다.

마침내 선녀가 바위에 다다르자 향기 짙은 오색 구름이 바위를 감싸고 있어 주위에 있는 것은 아무것도 볼 수 없었다. 할머니는 무슨 일이 일어나나 하고 눈을 크게 뜨고 선녀의 동정을 살폈다. 그러나 얼마 동안 향기 짙은 구름이 바위를 감싸고 있을 뿐 아무 인기척이 없더니, 문득 으앙— 하고 애기 울음 소리가 들렸다. 웬일일까? 혹시 선녀가 아기를 낳은 것이 아닐까? 하여 할머니는 숲속에서 머리를 내밀고 바위 위를 쳐다봤다.

이때 구름이 걷히며 바위 위에 갓난아기를 안은 선녀의 모습이 보였다.

"딱하기도 하지. 귀한 분이 혼자서 해산하셨으니 시중들 사람도 없고 이를 어쩐담."

할머니는 걱정이 되어 혼자 중얼거렸다. 선녀는 사람의 소리를 듣고 반가워 주위를 살펴보며 말했다.

"아! 할머니 죄송하오나 저를 좀 도와 주셔요." 하고 애원하듯이 말했다.

할머니는 두려운 마음으로 조심스럽게 발을 옮기며 "미천한 몸이오나 귀하신 분을 도울 수 있다면 무슨 일이라도 도와 드리겠습니다." 하고 말했다.

"이리로 올라오셔서 아기의 탯줄을 끊어 주시고 목욕을 시켜 주십시오. 하오면 그 은혜는 잊지 않겠습니다."

할머니는 바위 위로 올라가서 아기의 탯줄을 실로 묶은 다음 가위로 자르고, 물을 길어다가 둥글게 팬 바위

홈에 붓고 정성스럽게 아기 몸을 씻어 주었다. 그리고 아기를 비단 포대기에 싸서 어머니 선녀에게 안겨 주었다. 선녀는 고맙다고 몇 번이나 인사하고는 가늘게 한숨을 쉬면서 자신이 지나온 사연을 이야기했다.

"나는 하늘 나라 제석천왕의 막내딸로서 천왕의 사랑을 독차지하고 자랐습니다. 그러다가 철이 들어 용감한 장수인 한 남자를 알게 되어 서로 친하게 지냈습니다. 하늘 나라의 법은 엄하여 부모님 승낙 없이는 어떤 남자와도 사귀지 못한답니다. 그래도 저는 그분을 잊을 수 없어 결혼하려 하였습니다. 그러나 부모님께서 그것을 반대하셨습니다. 부모님의 명령이시라 할 수 없이 그 사랑을 끊어 버리려고 했었으나 저는 사랑하는 그이를 잊을 수 없었습니다. 그래서 한 번만, 한 번만 하고 만난 것이 여러 번 계속되어 드디어는 그이의 아기를 갖게 되었습니다. 이 일을 아신 아버님께서는 크게 노하시어 저에게 지상으로의 귀양을 명령하셨습니다. 저는 할 수 없이 하늘 나라에서 쫓겨나 지상으로 오게 되었습니다. 할머니 지금 저는 귀양살이하는 몸이지만 인자하신 아버님께서는 곧 귀양을 풀고 저를 하늘 나라로 부르실 것입니다. 제가 하늘 나라에 다시 가게 되면 어떻게 해서라도 할머니의 은혜를 갚겠습니다. 그리고 부탁드립니다. 혹시 인간 세상 사람들이 아기를 해칠지도 모르니, 우리가 이 바위에 숨어 살고 있다는 말씀은 아무에게도 하지 말아 주십시오."하고 간곡히 부탁하였다.

할머니는 모든 것을 비밀에 붙일 것을 굳게 약속하고 그날부터 선녀의 시중을 들었다. 우선 선녀가 거처할 곳을 바위 밑에 있는 동굴 속으로 옮기고 밥도 짓고 빨래도 해주고 아기도 돌봐 주며 불쌍한 선녀를 지성으로 보살펴 주었다.

어느덧 이 주일이 지나 선녀는 자리에서 일어나서 할머니께 몇 번이나 고맙다는 인사를 하며 "이제부터는 제가 일할 테니 할머니께서는 오시지 않아도 됩니다."하고 말했다.

선녀는 할머니에게 오래 폐 끼치는 것을 미안해했다. 그러나 할머니는 예쁘고 마음 착한 선녀가 혼자서 고생하는 것을 애처롭게 여겨 계속하여 바위로 찾아와서 선녀를 도왔다. 아기도 건강하게 자랐다.

아기가 태어난 지 삼칠일(21일) 되던 날, 자리에서 일어난 아기가 어머니 선녀한테 말했다.

"어머니 하늘 나라에는 악한 사람이 없어 힘이 필요 없겠지만 인간 세상엔 악한 사람도 있어 힘이 필요합니다. 저는 이제부터 힘을 기르려 합니다."하고 굴 밖으로 나가더니 지름 50cm 길이 1m쯤 되는 바윗돌을 짊어지고 유림산 꼭대기까지 올라갔다가는 다시 돌아와서 굴 앞에 놓는 것이었다. 아기는 이런 일을 날마다 되풀이하였다.

선녀는 남의 눈에 띄는 일은 안 하는 게 좋으니 굴속에서 조용히 잠이나 자라고 타일렀지만 그래도 아기는 어머니 말씀을 듣지 않고 날마다 계속했다.
"원, 갓난아기가 바윗돌을 짊어지고 산으로 오르내리다니 보통 일이 아니야." 하고 할머니는 감탄하였다.
할머니는 아기가 하는 일이 너무도 신기하여 선녀의 간절한 부탁도 잊어버리고 저녁 식사 때 집안 식구들 앞에서 그 이야기를 했다. 그러고는 아차 싶어 자기 입을 막으며 그 이야기는 절대로 비밀이니 다른 사람에게 하지 말라 하였다. 그러나 집안 식구들은 또 각자 친한 사람들에게 비밀이니 다른 사람에게는 말하지 말라 하며 이야기하였다. 그래서 소문은 온 나라 안에 퍼지고 드디어는 임금의 귀에까지 들어가게 되었다.
임금은 소문이 잘 믿어지지 않아 신하 한 사람을 몰래 입실로 보내어 그 이야기가 사실인지 아닌지 알아 오라 하였다. 입실에서 돌아온 신하는 태어난 지 삼칠일 만에 큰 바위를 짊어지고 다니며 힘을 기르고 있는 아기가 있다는 사실과, 그 아기는 보통 아기가 아니고 하늘에서 내려온 선녀의 아기라는 이야기를 임금에게 아뢰었다.
"그렇다면 그 아이가 어른이 되었을 땐 얼마나 힘이 센 장수가 되겠는가. 보통 사람이라면 불러서 군사로 쓰면 나라의 힘이 되겠지만 하늘 사람이라 하니 인간의 말을 듣겠는가. 그 힘을 그냥 버려 둔다면 언제 대궐로 쳐들어와서 나를 해치고 나라를 빼앗을지도 모를 일이다."
　임금은 불안하여 잠도 이루지 못했다. 그래서 아무도 몰래 군의 대장을 불러, 입실로 가서 그 아기를 없애 버리라고 명령했다.
　초생달이 가늘게 비치는 으스름한 밤이었다. 선녀는 촛불을 밝혀 놓고 하늘에 계신 아버지에게 "하루 속히 노여움을 푸시고 아기와 저를 하늘 나라로 돌아가게 하여 주시옵소서." 하고 기도를 드린 후 금방 잠이 들었고 아기는 굴 밖 높은 바위 위에서 자고 있었다.
　군대의 대장은 아기가 도망가지 못하도록 바위 주위에 군사들을 배치해 놓고 아기가 자고 있는 위치를 확인한 다음, 발짝 소리를 죽이고 바위로 기어올라가 죄없는 아기를 죽여 포대기에 싸서 끈으로 묶었다. 그리고 그 증거로 아기의 시체를 들고 가려 했다. 그때 갑자기 하늘이 우지끈 하며 번개가 번쩍하더니 우르릉 쾅! 하고 하늘이 무너지는 듯한 우레 소리와 함께 폭우가 퍼부었다. 아기의 시체를 옮기려던 군사들은 겁에 질려 모두 도망쳐 버렸다.
　천둥 소리에 놀라 잠을 깬 선녀는 불길한 예감이 들어 아기를 부르며 아기가 자고 있던 바위 위로 달려갔다. 아! 아기는 그곳에 죽어 있었다. "아가야!" 선녀는 와락 달려들어 아기를 안으려 했으나 안을 수 없었다. 아기의 시체는 그 바위 위에 돌이 되어 있었기 때문이었다. 선녀는 너무도 기막혀 아기 위에 쓰러졌다.

　이제 선녀에게는 하늘도 땅도 보이지 않았다. 아기 없는 세상은 아무 소용이 없었다. 오직 아기를 위해 하늘에서 쫓겨나 지상까지 왔는데, 이제 아기가 없으니 더 갈 곳도 없었다. 희망을 잃은 선녀는 아기를 부르면서 돌이 된 아기 위에 엎드린 채 숨을 거두고 말았다.

　이튿날 새벽 할머니가 바위로 찾아왔을 때 아기는 포대기에 묶인 채 돌이 되었고, 선녀는 그 위에 싸늘한 시체로 쓰러져 있는 처참한 정경을 보았다.

　할머니는 선녀를 부근 양지바른 곳에 묻어 주고 "내가 잘못했지. 비밀로 하라던 그 말을 왜 식구들에게 했던고." 하고 눈물을 흘리면서 자신의 경솔했음을 크게 뉘우쳤다.

　그후부터 사람들은 이 바위 봉우리를 아기봉이라 불렀다. 지금도 바위 위에 포대기에 묶인 아기의 시체가 돌이 된 채 남아 있고, 아기가 태어났던 곳에는 탯줄을 끊던 가위 자국과 목욕을 시켰던 대야처럼 생긴 돌홈이 함께 남아 있다. 그리고 그 아래 동굴 앞에는 아기가 지고 다녔다는 돌이 있는데 아직도 두 줄의 밧줄 자국이 남아 있다. 사람들은 이곳을 신령스러운 곳으로 믿고 지금도 부정한 일을 삼간다.

봉 덕 못

  경주 주사산 남쪽 기슭 천촌 마을에 봉덕못이 있다. 험준한 주사산을 배경으로 하고 그 앞으로는 기름진 옥토가 펼쳐져 있어 먼 옛날 신석기 시대부터 많은 사람들이 모여 살았다. 그 흔적으로 큰 지석묘들이 개울 따라 줄지어 있다.
  신라 때에는 이 마을이 군사적으로 중요했을 뿐 아니라 군량미를 생산하는 귀중한 땅이었으므로 사또가 있던 동헌이 있었다. 지금 마을에서 검둥터라고 부르는 논밭이 동헌 터라 한다. 사또들은 가뭄에 대비해서 못을 만들고 해마다 못 둑을 수리하고 백성들을 독려하여 농사의 증산에 힘썼다. 이곳은 원래 기름진 땅이라 곡식이 잘되는데다 저수지에 물이 많았으므로 가뭄이 계속되어도 걱정이 없었다.
  먹을 것 입을 것 걱정 없는 이 고을에 큰 걱정이 생겼다. 그것은 새 사또가 부임하면 그날 밤으로 사또 부인이 무엇엔가 납치되어 가서는 다시 돌아오지 않는 것이었다. 벌써 사또가 세 사람이나 부임하여 모두 첫날밤에 부인을 잃어버리고 홀로 되자 이 고을로는 아무도 사또로 오지 않으려 했다. 그러나 군사적으로 중요한 곳이요 또 쌀이 많이 나는 곳이니 사또를 아니 보낼 수도 없는 일이었다.

임금은 생각 끝에 용감하고 슬기로운 화랑도 출신의 젊은이를 뽑아 이 고을의 새 사또로 임명하였다. 임금의 명령을 받은 새 사또는 시집온 지 얼마 안 되는 부인에게 말했다.

"새로 부임하는 곳은 첫날밤에 사또 부인이 괴물에게 납치되어 돌아오지 않는다니 지극히 불안하오. 나 혼자 먼저 가서 동정을 살펴보고 차차 부를 터이니 부인은 이 곳에 남아 기다려 주오."

"그렇다고 괴물이 무서워서 혼자 부임하신다면 백성들 앞에 위신이 서지 못할 것이옵니다. 죽는 한이 있더라도 함께 부임하여 정신을 차리고 그 괴물의 정체를 살피는 것이 좋을까 합니다." 하고 부인은 같이 갈 것을 주장했다.

젊은 사또도 그럴듯하여 부인의 말을 따랐다. 새 사또 부부가 임지로 부임하자 고을 사람들은 젊은 새 사또를 우러러 맞았다. 사또 부인이 너무 젊고 고왔으므로 할머니들은 쯧쯧 혀를 차며 "아까운 사람." 하고 불길한 예감으로 서로 수군거렸다.
 사또는 군사들을 시켜 동헌 둘레를 빈틈없이 지키게 하고 문을 모두 닫아걸었다. 방에 촛불을 밝혀 놓고 자리는 폈으나 사또 부부는 자지 않았다. 칼을 뽑아 왼쪽에 놓고 무엇이든지 얼씬거리기만 하면 들고 나설 준비를 하고 있었다. 부인도 은장도를 가슴에 품고 만일의 경우에 대비하고 앉아 있었다.
 자정이 지났건만 아무 인기척도 없이 그저 밤은 고요히 깊어만 갔다. 사또와 부인은 정신을 곤두세운 채 마주앉아 밤을 새웠다. 마을에서 새벽닭이 우는 소리가 들려 왔다. 그래도 아무 인기척이 없어 첫날밤은 무사히 지나가는구나 하고 적이 안심하고 긴 숨을 내쉬었다.
 그때 윙— 하고 천장에서 바람 소리가 일더니 번쩍하고 번갯불 같은 빛이 빛나는 찰라, 마주앉아 있던 부인은 천장 위로 날아가고 없었다. 참으로 눈 깜짝할 사이의 일이었다. 사또는 칼을 들고 밖으로 뛰어나왔으나 부인이 간 곳은 알 길이 없었다. 대문은 그대로 잠겨져 있고 파수 보는 병정들도 자지 않고 열심히 문을 지키고 있었다.
 사또는 없어진 부인을 찾으려고 여러 가지로 궁리하였으나 그 행방을 알 수 없으니 도리 없는 일이었다.
 부인은 주사산 남쪽 오로봉에 있는 석굴 속에 사는 천년 묵은 황금돼지에게 납치되었던 것이다. 부인은 은장

도는 품었으나, 힘이 장사인데다 도술까지 부리는 황금
돼지에게 대항해 봐야 소용이 없을 것을 알고 잘 복종했
다. 언제나 웃는 얼굴로 시키는 대로 무슨 일이나 곱게
처리했다. 황금돼지는 자기에게 잘 복종하는 부인이 아
주 마음에 들어 만족해했다.

 며칠 후 부인은 황금돼지 곁에 와서 "아무리 도사라
하더라도 한 가지씩은 무서워하는 것이 있다고 들었는
데, 당신께서는 무서워하시는 게 없습니까?" 하고 물었
다.

 "그런 것은 알아서 무엇 해."

 황금돼지는 눈을 부릅뜨고 부인을 노려봤다. 부인은
부드럽게 웃으며 "만일 무서워하는 것이 있다면 제가 명
심하고 보이지 않는 곳에 치워 버리려고 그럽니다." 하
고 대답하였다.

 "히히히, 그래? 나도 무서워하는 것이 있지. 그것은
노루 가죽이야. 나는 노루 가죽을 보면 그 자리에서 기
절하고, 노루 가죽이 내 몸에 닿으면 그만 죽어 버리고
말아. 그런 것이 이 근처에 없도록 해." 하며 황금돼지
는 만족한 듯이 웃었다.

 그날 밤이었다. 황금돼지가 자는 틈에 부인은 가슴에
품었던 은장도를 뽑았다. 그 은장도 자루에는 노루 가죽
이 감겨 있었던 것이다. 그것을 잽싸게 황금돼지의 정수
리 상투 밑에 꽂아 놓았다. "꿀!" 하고 외마디 소리를

지르더니 황금돼지는 그 자리에 쓰러졌다.

부인은 허겁지겁 도망쳐서 남편 사또가 외롭게 남아 있는 동헌으로 돌아왔다. 아내를 잃어버리고 슬픔에 차 있던 사또는 돌아온 아내를 보고 기쁨에 넘쳐 그동안의 사연을 물었다. 부인은 그동안 지내 온 이야기를 자세히 했다.

사또는 "그 돼지가 다시 살아나면 큰일이니 아주 없애 버려야겠소." 하며 노루 가죽을 준비하여 군사들을 거느리고 오로봉으로 갔다. 그 석굴을 찾아서 황금돼지 시체를 노루 가죽에 싼 다음 땅속에 깊이 묻어 버렸다.

이제 이 고을로 부임하는 사또들이 부인을 잃어버리는 일은 없게 되었다. 그래서 사또는 걱정 없이 고을을 잘 다스렸고 고을 사람들도 행복하게 잘살 수 있게 되었다.

그러나 사또에게는 또 좋지 못한 걱정거리가 생겼다. 그것은 부인이 오로봉 석굴에 있는 동안 아기를 배어 그 후 열 달이 지나 황금돼지의 아기를 낳았기 때문이다. 사또는 부인에게 말했다.

"부인이 돼지굴에 끌려간 것은 본마음에서 간 것이 아니고 마력에 의해 간 것이니 그것이야 내가 탓할 수 없는 일이지만, 저 아이는 내 아이가 아닌데 내가 어찌 기르겠소. 장차 우리 가문의 명예를 위하여 버리는 것이 좋겠소."

부인도 사또의 말이 당연하다고 생각하여 아기를 안고

나가 저수지 못 가에 버리고 돌아오다 뒤를 돌아봤더니 이상한 일이 일어나고 있었다. 하늘에서 봉황새가 날아와서 날개를 펴서 아기 얼굴에 비치는 햇빛을 가려 주고 있었다. 부인은 이상히 여겨 그 사실을 사또에게 알렸다.

사또도 의심스러워 몸소 못 가까지 나와 봤다. 과연 봉황새가 오색 꼬리를 바람에 날리며 큰 날개를 펴서 아기의 얼굴에 햇빛을 가려 주고 있었다. 이 정경을 바라본 사또는 "모두 하늘이 시키는 일이니 아이를 버리지 말고 집에서 키웁시다." 하였다.

아기는 커서 효성이 지극했을 뿐만 아니라 나라에 큰 일꾼이 되었다. 그래서 그후부터 이 저수지를 봉덕못이라 부르게 되었다 한다. 지금도 주사산 오로봉 지맥암 서쪽에 석굴이 있는데 마을 사람들은 아직도 이 굴을 돼지굴이라 부르고 있다.

신라 주요 연표

- 기원전　69　박혁거세 탄생.
- 　　　　　57　박혁거세 거서간 즉위, 국호 서라벌.
- 　　　　　28　낙랑군의 침입.
- 서　기　65　시림에서 김알지 탄생. 시림을 계림으로, 국호를 계림국으로 고침.
- 　　　　433　나제동맹 성립.
- 　　　　502　우경법 실시.
- 　　　　503　국호를 신라로 정함.
- 　　　　520　율령 반포, 백관의 공복 제정.
- 　　　　527　불교 공인.
- 　　　　536　처음으로 건원 원년이란 연호 사용.
- 　　　　545　국사 편찬.
- 　　　　632　첨성대 건립.
- 　　　　660　나당 연합군 성립. 김유신과 계백의 황산벌 전투, 백제 멸망.
- 　　　　668　나당 연합군 평양성 함락, 고구려 멸망.
- 　　　　676　삼국 통일로 통일 신라 성립.
- 　　　　682　국학 설립.
- 　　　　685　9주 5소경 설치.
- 　　　　722　백성에게 정전 지급.

751 불국사, 석굴암 건립.
788 독서 출신과 설치.
935 경순왕 고려에 투항, 신라 멸망.

신라 왕계표

① 기원전 57~4 (박) 혁거세
② 서 기 4~24 (박) 남해왕
③ 　　　24~57 (박) 유리왕
④ 　　　57~80 (석) 탈해왕
⑤ 　　　80~112 (박) 파사왕
⑥ 　　　112~34 (박) 지마왕
⑦ 　　　134~54 (박) 일성왕
⑧ 　　　154~84 (박) 아달라왕
⑨ 　　　184~96 (석) 벌휴왕
⑩ 　　　196~230 (석) 내해왕
⑪ 　　　230~47 (석) 조분왕
⑫ 　　　247~61 (석) 첨해왕
⑬ 　　　261~84 (김) 미추왕
⑭ 　　　284~98 (석) 유례왕
⑮ 　　　298~310 (석) 기림왕
⑯ 　　　310~56 (석) 흘해왕
⑰ 　　　356~402 (김) 내물왕
⑱ 　　　402~17 (김) 실성왕
⑲ 　　　417~58 (김) 눌지왕
⑳ 　　　458~79 (김) 자비왕
㉑ 479~500 (김) 소지왕
㉒ 500~514 (김) 지증왕
㉓ 514~40 (김) 법흥왕
㉔ 540~76 (김) 진흥왕
㉕ 576~79 (김) 진지왕
㉖ 579~632 (김) 진평왕
㉗ 632~47 (김) 선덕여왕
㉘ 647~54 (김) 진덕여왕
㉙ 654~61 (김) 무열왕
㉚ 661~81 (김) 문무왕
㉛ 681~92 (김) 신문왕
㉜ 692~702 (김) 효소왕
㉝ 702~37 (김) 성덕왕
㉞ 737~42 (김) 효성왕
㉟ 742~65 (김) 경덕왕
㊱ 765~80 (김) 혜공왕
㊲ 780~85 (김) 선덕왕
㊳ 785~98 (김) 원성왕
㊴ 798~800 (김) 소성왕
㊵ 800~809 (김) 애장왕

㊶ 809～ 26 (김) 헌덕왕
㊷ 826～ 36 (김) 흥덕왕
㊸ 836～ 38 (김) 희강왕
㊹ 838～ 39 (김) 민애왕
㊺ 839 (김) 신무왕
㊻ 839～ 57 (김) 문성왕
㊼ 857～ 61 (김) 헌안왕
㊽ 861～ 75 (김) 경문왕
㊾ 875～ 86 (김) 헌강왕
㊿ 886～ 87 (김) 정강왕
(51) 887～ 97 (김) 진성여왕
(52) 897～912 (김) 효공왕
(53) 912～ 17 (박) 신덕왕
(54) 917～ 24 (박) 경명왕
(55) 924～ 27 (박) 경애왕
(56) 927～ 35 (김) 경순왕

창비아동문고 72
신라 이야기 1

1981년 12월 15일 초판 1쇄 발행
1991년 2월 25일 개정판 1쇄 발행
2023년 2월 28일 개정판 41쇄 발행

지은이　●윤경렬

펴낸이　●강일우
펴낸곳　●(주)창비
등록　●1986. 8. 5. 제85호
제조국　●대한민국
주소　●10881 경기도 파주시 회동길 184
전화　●031-955-3333
팩스　●031-955-3399(영업) 031-955-3400(편집)
홈페이지　●www.changbikids.com
전자우편　●enfant@changbi.com

ⓒ (주)창비 2023
ISBN 978-89-364-4072-5 73810
ISBN 978-89-364-4997-1 (전2권)

＊이 책 내용의 일부 또는 전부를 재사용하려면 반드시 저작권자와 창비 양측의 동의를 받아야 합니다.
＊책값은 뒤표지에 표시되어 있습니다.
＊KC마크는 이 제품이 공통안전기준에 적합하였음을 의미합니다.